青春期以前

白麗潔 著

父母的「讀心」技能需要滿級

5秒鐘讀懂肢體語言 × 3分鐘找出心理需求 × 2小時改正不良習慣，即使不說出口，爸媽也應該要懂

Before Puberty

▶ 剖析孩子成長中的心理轉折關鍵點，從容應對育兒難題
▶ 提供實用的親子溝通技巧，與孩子建立更深層次的連結
▶ 從科學角度解讀孩子的行為，打造健康和諧的家庭環境

不讓年齡差影響親子關係，實現家庭「零代溝」！

目錄

前言
做孩子最好的諮商師

Part 1
新生兒期（0～1歲）── 人生的第一個敏感期

第一節　不可思議的新生兒 ………………………… 014

第二節　0歲是教養的開始 …………………………… 019

第三節　不同的嬰兒氣質 ……………………………… 024

第四節　初生嬰兒的「最強大腦」 …………………… 030

第五節　哭的多重含義 ………………………………… 035

第六節　小寶寶也會有心事嗎 ………………………… 041

第七節　秩序和規律對於新生兒的意義 ……………… 046

第八節　寶寶為什麼不讓你抱 ………………………… 051

第九節　探索世界的方式 ……………………………… 057

目錄

Part 2
嬰幼兒期（1～3歲）——我要自己來

第一節　不走尋常路的寶寶 …………………… 066

第二節　自己為自己代言………………………… 071

第三節　2歲寶寶愛說「不」 …………………… 077

第四節　保護孩子的好奇心……………………… 082

第五節　寶寶得了「厭食症」 …………………… 088

第六節　愛搶別人玩具的「壞」寶寶 …………… 093

第七節　媽媽不要走……………………………… 099

第八節　我想哭一會兒…………………………… 105

Part 3
幼兒期（3～6歲）——豐富多彩的世界

第一節　「可怕」的3歲 ………………………… 112

第二節　臭媽媽、屁爸爸………………………… 117

第三節　我有許多許多好朋友…………………… 122

第四節　我是男生還是女生……………………… 128

第五節　事事追求完美的孩子…………………… 132

第六節　我是第一名……………………………… 137

第七節　會講故事的「頑皮鬼」⋯⋯⋯⋯⋯⋯⋯⋯⋯142

　　第八節　天空中變幻的雲彩⋯⋯⋯⋯⋯⋯⋯⋯⋯⋯148

　　第九節　幼兒也有「拖延症」嗎⋯⋯⋯⋯⋯⋯⋯⋯⋯154

Part 4
少兒期（6～9歲）── 我是一名國小生

　　第一節　我要讀國小了⋯⋯⋯⋯⋯⋯⋯⋯⋯⋯⋯⋯162

　　第二節　無法集中的注意力⋯⋯⋯⋯⋯⋯⋯⋯⋯⋯167

　　第三節　上學是一件很累的事情嗎⋯⋯⋯⋯⋯⋯⋯⋯173

　　第四節　分數不能說明一切⋯⋯⋯⋯⋯⋯⋯⋯⋯⋯178

　　第五節　打架背後有原因⋯⋯⋯⋯⋯⋯⋯⋯⋯⋯⋯183

　　第六節　孩子為什麼在媽媽面前很沉默⋯⋯⋯⋯⋯⋯188

　　第七節　孩子愛說謊話怎麼辦⋯⋯⋯⋯⋯⋯⋯⋯⋯194

Part 5
孩童期（9～12歲）── 小小少年煩惱多

　　第一節　請尊重我選擇的權利⋯⋯⋯⋯⋯⋯⋯⋯⋯202

　　第二節　送一面鏡子給女兒做禮物⋯⋯⋯⋯⋯⋯⋯⋯208

　　第三節　我長大後要做一名飛行員⋯⋯⋯⋯⋯⋯⋯⋯213

目 錄

第四節　國小生也會談「戀愛」……………………… 219
第五節　追星行為與「偶像」情結 ………………………225
第六節　每個孩子都可以有自己的「小祕密」………230

前言
做孩子最好的諮商師

伴隨著當下家庭教育的普及,越來越多的父母開始意識到心理健康對孩子成長的重要性。對於孩子來說,只有心理健康,才可能擁有美好的未來,這一點已經成為大多數家長的共識。

在這樣的背景下,如果孩子真的出現了某種心理問題,我們該怎麼辦呢?也許有人會說看諮商師啊。儘管諮商師這種職業在日常生活中並不少見,但是卻極少有父母會選擇帶孩子去那裡,除非孩子患有很嚴重的心理疾病。

為什麼家長們會做出這種選擇呢?大致的原因有3個:一是因為孩子的許多心理問題都不是真正的問題,它們更多的是孩子成長中的一種正常現象,如孩子的過動症、厭食症等,這些對於關愛孩子的父母來說,他們往往可以透過學習兒童心理學知識來解決;二是受傳統觀念的影響,如果父母動不動就帶孩子去看諮商師的話,別人會認為孩子真的有心理疾病,這種消極的心理暗示會對孩子的身心造成一種不良的影響;三是源自父母本身對此的不重視。雖然我們在上文中說過大多數父母都很重視孩子的心理健康問題,但是由於工作、精力等各個因素影響,父母並不能很好地做到關注孩子的成長,缺乏關注則

前言　做孩子最好的諮商師

缺乏洞察力，洞察不到自然就談不上重視。

綜合上述的3個原因，我們可以發現，真正的諮商師在孩子的成長中出現的機會其實是很少的。

這種發現對比孩子成長中出現的各種心理問題，簡直讓我們驚訝不已。既然如此，難道孩子們自己有調節心理的能力嗎？如果不是，那麼又是誰在孩子的成長中扮演了事實上的諮商師的角色呢？答案不言而喻，就是我們自己，孩子的父母或其他監護人。不要小看我們自己，事實上，在孩子的成長過程中，父母完全可以成為孩子最好的諮商師。

首先，父母對孩子的愛是不容置疑的。從他們呱呱墜地的那一刻起，父母就傾注了所有的愛在孩子身上。不同的父母表達的方式或許不同，陪伴孩子的時間也有長短之分，但是他們在內心深處都充滿了對孩子的愛。因為愛孩子，所以他們會用自己認為最好的方式來對待他們；因為愛孩子，他們會因為不能很好地處理和孩子之間的關係而焦頭爛額；因為愛孩子，他們會在孩子心理出現問題的時候困惑和頭疼不已。

父母本著對孩子的愛，希望孩子可以全盤接受他們所做出的安排，但是卻忽略了最重要的一點，孩子是一個獨立的個體，並且伴隨著他們的成長，他們會產生自己的判斷力和心理訴求，他們也有自己的感受，因此孩子在成長過程中有時候會「拒絕」父母，父母也會感到傷心。但是這種情況的發生並不會

影響父母對孩子的愛，反而會促使他們去反思，去更好地關注和了解孩子的心理感受——這是一種真正的無私的愛。

其次，父母在孩子的成長過程中陪伴他們的時間是最長的，孩子的成長在他們的眼中是具有持續性的。幾乎每一個孩子在兒童期父母都是不會缺席的，他們見證著孩子從一個嬰兒走向幼兒，從幼兒走向少年，在孩子一點一滴的變化中陪伴他們成長。每當孩子的心理產生一些變化時，他們總是能夠最及時和敏銳地察覺到，小到嬰兒時期的各種哭喊，大到進入青春期後的叛逆，只要孩子的心理與前一階段相比產生變化，父母總是會以關切的目光追隨著這種變化，生怕因忽視或引導不當給孩子造成終身的遺憾。因此，對於孩子成長中的變化，父母是最有發言權的。

不過伴隨著時代的變化，父母的這一發言權也遭受到了一定程度的挑戰。現代社會發達的資訊網路和社群管道，使得孩子們的認知水準遠遠超過了父母當年，甚至對父母當下的認知水準也產生了一定的挑戰。俗話說「五年一代溝」，那麼，相對於小我們二十幾歲的孩子來說，完全不同時代的認知形成了溝通上的「鴻溝」。父母認為關於孩子的一切他們沒有不知道的，但是孩子卻會直截了當地告訴父母，你們就是不懂我。面對「頑固不化」的父母和「不懂事」的孩子，傷心是雙方的。對此，父母需要在尊重孩子的基礎上，努力擴展和更新自己的知識層次，學習最新的兒童心理學，做孩子生活和學習中的朋友，與

前言　做孩子最好的諮商師

他們一起分享成長中的喜悅和煩惱。只有這樣，才能真正地參與到孩子的成長中來，繼續保持我們該有的「發言權」。

再次，兒童心理學的發展和普及，在客觀方面為其提供了一定的條件。早在多年以前，兒童心理學家皮亞傑就用其畢生的精力對兒童心理進行了大量的實驗和研究，為親子教育的發展提供了許多寶貴的資料。皮亞傑創立的認知結構主義兒童心理學理論強調，我們應該根據兒童自身的情況和心理特徵進行教育。作為孩子成長過程中第一任教師的父母，在這一行為中承擔了非常重要的責任。父母如果都不了解自己的孩子的心理的話，那麼孩子在成長中的許多問題都將得不到及時的解決，這對孩子成年以後的智商、情商，甚至是生活中的幸福指數都有很大的影響。這是每一位父母都想要極力避免的問題，因此他們會去大量翻閱關於兒童心理學方面的書籍，去了解兒童成長中常見的一些心理特徵和心理變化，了解和知曉一些常見兒童心理疾病的起因和傷害程度等，及時進行一些預防性的心理指導，避免影響孩子的健康成長。

在孩子童年行為對人生的影響中，存在著一種蝴蝶效應，即孩子童年時期的一些優秀特質會在其成年後得到放大，成為受益終身的資源，反之亦然。而這些特質的形成經過許多行為學家驗證，都與幼年時期父母的引導密切相關。無論是孩子的優勢還是劣勢，或者是一些不良的情緒都會在父母的行為和態度中得到強化。因此，從某種意義上而言，孩子的心理問題其

實大多都是父母造成的。

既然我們明白了心理健康對於孩子人生的重要性,那麼無論是出於對孩子的愛還是責任,作為父母的我們都應當去了解一些兒童心理學,去做孩子成長中最好的諮商師,這將是每一位有責任感的父母的職責所在。

最後,祝願所有的孩子都能夠健康地成長,也祝願所有的父母都能夠和孩子一起分享成長所帶來的喜悅,願天下的父母心都能得到最好的安放。

前言　做孩子最好的諮商師

Part 1　新生兒期（0～1歲）
── 人生的第一個敏感期

> 在孩子成長的眾多關鍵期中，0～1歲這個時期尤其重要，它不僅是孩子人生中的第一個敏感期，而且是孩子獨自面對世界的第一個階段，這個時期，嬰兒的身心發育都將直接影響他們以後的性格和習慣，也影響日後的生活特質。

 Part 1　新生兒期（0～1歲）－人生的第一個敏感期

第一節　不可思議的新生兒

當初為父母的我們，聽到嬰兒那第一聲響亮的啼哭時可能會感動，可能會覺得生命締造的神奇──事實也的確如此，從那之後的每一天，我們將開始感受小生命的神奇。

大約在 100 多年以前，美國心理學家威廉・詹姆斯曾經把嬰兒期說成是一個「繁花似錦、匆忙而迷亂的時期」。在兒童心理學問世之前，更確切地說是在我們關注兒童心理之前，父母們大概也都是這麼認為的。一方面，為迎接新生命的到來而感到激動和興奮；另一方面，因為新生命的到來而打破了以往的節奏，生活開始變得匆忙而又迷亂。這些比起如今的父母，其實還算不了什麼。在過去大多數人的概念裡，新生兒除了吃就是睡，除了管好他們的吃喝拉撒睡，還有什麼需要操心呢？至於教育，就要等他們會說話、會走路之後再作考慮。

新生兒真的是無所事事嗎？是否不存在自己獨立的心理活動呢？一位剛剛生完寶寶的媽媽的經歷，似乎可以否定人們的這一看法。剛剛生產完的媽媽還很虛弱，她靜靜地躺在醫院的病床上，在她旁邊的一張小床上，是她剛剛出生 6 個小時的寶寶。媽媽實在是太累了，還沒有來得及看一眼她的寶寶。突然，小床上的寶寶好像是感受到了環境的變化，抑或是因為想要引起別人的注意，小小的身體在襁褓中不安分地扭動起來，

第一節　不可思議的新生兒

細小的喉頭也發出「吭吭」的聲音，眼看馬上就要哭起來了，怎麼辦？只見媽媽伸出她那修長的手指，隔著寶寶的襁褓輕輕地拍了幾下之後，寶寶又甜甜地進入了夢鄉。當寶寶再次出現這種情況時，奶奶用了和媽媽一樣的方式，但是卻不奏效，最後，寶寶還是在媽媽的安撫下再次安靜下來。

在這個場景中，我們可以發現嬰兒做出了3個不尋常的舉動：第一，他對周圍的環境有了初步的感知，並且可以表現出來（不安分地扭動）；第二，會在感知到熟悉的節奏和氣息時安定下來（媽媽的安撫）；第三，可以敏感地感受到熟悉和陌生（相對於媽媽而言，奶奶是陌生的）。這竟然是一個出生還不到24個小時，甚至還沒有睜開眼睛看一眼自己的媽媽的新生兒的行為，是否覺得有些不可思議呢？

不要總是覺得新生兒不會說話，他們就不存在心理活動。其實，嬰兒心理活動的產生遠比我們想像的要早。許多媽媽可能都有過給胎兒做胎教的經歷。在做胎教的過程中，可以明顯地感覺到有時候寶寶比較興奮，如胎動明顯；有時候也會覺得寶寶比較安靜，如待在媽媽的子宮中一動也不動。最神奇的是，當媽媽覺得心情躁動，情緒不好時，寶寶在腹中也會變得很焦躁，這就是所謂的「母子連心」。但是新生兒作為一個完整的生命個體，第一次讓人們感受到他的心理活動的，卻是在離開母體時那一聲響亮的啼哭。當我們聽到嬰兒的第一聲啼哭時，會認為這是宣告生命的誕生，然而對於嬰兒來說，又何嘗不是換了新環境的不安和

Part 1　新生兒期（0～1 歲）—人生的第一個敏感期

抗議？所以，我們有理由相信，新生兒從他們誕生的那一刻起，就有了自己完整的心理活動和心理需求。

你是否試著去端詳一張嬰兒的臉？可以在他清醒的時候，也可以在他熟睡的時候。透過觀察你會驚訝地發現，一個如此小的孩子卻基本上具備了成年人的表情，他們會哭、會笑、會撇嘴，也會皺眉。在他們小小的臉龐上，甚至可以發現什麼是不安，什麼是滿足，而這些都是他們內心變化的外在顯現。那麼，對於內心豐富卻表達受限的新生兒們，我們又該如何了解他們的心理呢？

透過觀察可以發現，新生嬰兒一般都是透過體態語言來表達自己的心理需求。這些體態語言包括面部表情和身體姿勢的變化。有時候他們會大哭大鬧，有時候則緊皺眉頭，有時候咧嘴微笑，有時候揮動起小拳頭，這些表現都代表了新生兒的什麼心理需求呢？

首先，我們來了解一下最常見的表達方式：哭聲。哭聲是嬰兒最初的一種心理語言，由於 6 個月以前的嬰兒還不能用語言和動作來表達自己的意願和需求，因此哭聲就成為最主要也是最常用的一種方式。嬰兒的啼哭，往往和他們的情緒、感覺以及生理需求連繫在一起，想要引起他人的注意，來滿足心理需求。寶寶在啼哭之前，通常會先癟起小嘴，表達心裡的委屈，這是啼哭的先兆，接著就是由小漸大的啼哭，這種表情和哭聲其實是向成人訴說他們的需求。譬如肚子餓了要吃奶，寂

第一節　不可思議的新生兒

寞了要人逗樂，厭煩了要大人抱起來換個環境或改變一種姿勢。如果父母夠細心，就能透過觀察寶寶的不同哭聲，揣摩寶寶的不同需求，適時並及時地滿足他們的需求。

寶寶們常用的第二種表達方式是微笑。嬰兒往往在出生不久後就能夠發出本能的微笑，這是內心情緒的一種表達，也是身體舒適的反應。在新生兒稍微長大一點，大約是兩個月以後，我們幾乎可以判斷出什麼情況下寶寶會被逗笑。一般嬰兒會在媽媽的撫愛和他人的逗樂後，表現出手舞足蹈，這是一種很愉快的情緒，伴隨著這種愉快的情緒，新生兒也會出現「社會性的微笑」，這種行為反映的就是嬰兒內心初級的社交意識。

寶寶笑的形態是多種多樣的，同時也是很短暫而快速的。在嬰兒微笑的時候，眼睛也會變得比往常更有神，這表示嬰兒內心渴望得到大人的鼓勵。如果在這個時候，媽媽適時地給予一個笑臉，或者用手輕輕撫摸寶寶的臉頰以示鼓勵，都會對他們的行為產生莫大的鼓舞。在新生兒幼小的心靈裡，其實已經有了渴望被關注和被鼓勵的心理需求。

寶寶們常用的第三種表達方式是面部表情。面部表情是心靈的直接反映，雖然寶寶們還沒有經過外界世界的洗禮，但是他們的大腦構造已經趨於完成，因此也會有生理狀態方面的意識。如大小便、身體不舒服等。由於新生兒年齡幼小，加上父母及其他撫養人不能很好地讀懂寶寶的面部表情，因此常常會產生寶寶不懂事的錯覺，其實這些都是誤解。

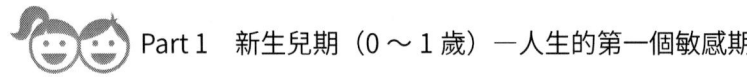 **Part 1　新生兒期（0～1歲）－人生的第一個敏感期**

　　就拿大小便來說，只要仔細觀察，完全可以發現寶寶們是有訊號發出的（睡著的狀態除外──因為嬰兒還不具備區分睡夢狀態和日常生活的能力）。據觀察，男嬰通常以噘嘴來表示小便，女嬰多以咧嘴或上唇緊合下唇來表示小便。父母若能及時觀察到嬰兒的嘴型變化，就能摸清嬰兒小便的規律，從而加以引導，逐步培養寶寶的自制能力和良好的便溺習慣。如果寶寶眉筋突暴，面部發紅，目光呆滯，這一般是因為寶寶「內急」，要大便了。

　　健康嬰兒的眼睛總是明亮有神，時刻追隨著外界光線和景物的變化而變化。若有一天，寶寶突然對這一切都提不起興趣，眼神變得倦怠而黯然無光，這多半是因為他們的身體不舒服，需要父母更加細心地照顧和及時預防，防止疾病的發生。

　　除了這些表達內心需求的暗示之外，寶寶們還非常善於自娛自樂。大多數寶寶在吃飽喝足、換上乾淨尿布，而且還沒有睡意時，會自得其樂地玩弄自己的嘴唇和舌頭，如吐氣泡、吮手指等，玩得非常開心；還會模仿大人的表情，如伸舌頭、動眉毛等。還會對喜歡的人伸出手臂，要求抱抱；也會對不喜歡或者陌生的人透過轉過頭或者推開表示抗拒，這些不僅是寶寶們自己學習的結果，同時也是和大人們的一種交流互動。

　　看了以上這些令人不可思議的行為，你還能說那些不滿週歲的新生兒是什麼也不懂的奶娃娃嗎？原來，不懂的始終是我們──自以為是的成年人。

第二節　0 歲是教養的開始

教育孩子要從 0 歲開始？面對兒童心理學界和教育界的這一號召，不少父母可能會覺得過於誇張。儘管現在不少年輕的父母已經開始意識到胎教的重要性，並且大多數也確實加入到了這種行動中，但是面對「教養要從 0 歲開始」的觀念，還是不免會產生疑惑。

在許多早教書籍中，我們會經常看到「成長關鍵期」這個詞語，而 0～1 歲是孩子們成長過程中的第一個關鍵期。兒科醫生也經常告誡剛剛更新為媽媽的女性們，在孩子 1 歲前要盡量多陪陪他們，因為這段時間對於孩子很重要。的確，在孩子成長的眾多關鍵期中，0～1 歲這個時期尤其重要，它不僅是孩子人生中的第一個敏感期，而且是孩子獨自面對世界的第一個階段，這個時期，嬰兒的身心發育都將直接影響他們以後的性格和習慣，也影響日後的生活特質。

這些話絲毫都不誇張，可以先試著來了解「關鍵期」的可靠性。在個人成長的階段中，是否真的有關鍵期的存在，我們可以從一些真實的故事中去尋找答案。

第一個故事是著名的「狼孩」故事：

1920 年，在印度加爾各答的東北山區發現了兩個從小被狼叼去並且被母狼撫養大的女孩子，當時，大孩子已經 8 歲，後

 **Part 1　新生兒期（0～1歲）－人生的第一個敏感期**

來取名卡瑪拉；小的 2 歲，取名阿瑪拉。人們從狼窩裡把她們接回來，送到了當地的一所孤兒院。不幸的是，阿瑪拉一年後因病死去，而卡瑪拉才活到 17 歲。卡瑪拉從 8 歲開始回歸正常人的生活，經過了人們的調教和接觸一些社會生活，逐漸學會了人的一些基本生活習慣，如穿衣、直立行走；知道了一些簡單的數字和詞彙，還能講一些簡單的話語，但經過智力測驗，卡瑪拉 17 歲時的智力水準只相當於 3 歲半的兒童，而且她的智力永遠也不可能達到正常同齡人的水準。

還有一個故事發生在美國：

1970 年，美國的社會工作者發現了一個叫基妮的 13 歲半的小女孩，她被狠心的父母關在一個與世隔絕的地窖裡，被發現時她除了會吃飯，其他的什麼也不會，甚至不會說話。經過 6 年的系統教育，到 19 歲時，她的語言能力雖然有所提高，但也只相當於一個正常的 5 歲兒童，而且據專家測試，她永遠也不可能恢復到完全正常的水準。

以上這些案例都說明，即使有正常的遺傳基因，但是如果錯過了人生心理、生理發展的某段關鍵期，也會造成永遠無法彌補的缺陷。

也就是說，假如 0～1 歲真的是兒童心理發展的關鍵期，而這段時間我們缺乏對兒童心理發展的重視，沒有給孩子的發展提供良好的條件，那麼就有可能造成他們心理上的「營養不良」。作為年輕一代的有知識、教育程度高的父母，我們深知

第二節　0歲是教養的開始

對於一個孩子來說，心理上的健康比身體上的健康更重要。那麼，0～1歲確實是兒童心理發展的關鍵期嗎？

近年來，許多心理學家對這個問題進行了探索，研究發現，1歲以內的嬰兒在充滿愛心和豐富刺激物的環境中，他們自發的探索行為會得到養育者及時的鼓勵，這將大大促進孩子對環境的積極探究，促進他們智力的發展。相反，如果孩子生活在孤兒院或者非正常的家庭中，不僅對他們的心理造成影響，還會導致他們運動技能發展比較落後，社交能力發展也會遇到阻礙。在他們長大後，往往只愛玩一些呆板、幼稚的遊戲，在和陌生人的接觸中，則會有所牴觸和害怕，這些都會使他們依賴熟悉的環境，而缺乏對外面世界的探索。當然，這些孩子的智力水準也遠遠達不到正常孩子的水準。

一位名叫韋恩・丹尼斯的心理學家研究了黎巴嫩孤兒院的孩子。他發現，這些孩子整天躺在小床上，無人理睬，也沒有人和他們說話。結果，許多孩子到1歲時還不能坐起來，到4歲時還不會走，他們的智力測驗得分非常低，平均只有53分（正常孩子平均100分）。丹尼斯還追蹤了一些被領養的其他孩子，他發現，如果這些孩子是在1歲以前被領養至正常家庭的，在若干年的教育之後，他們的智力還是可以達到同齡兒童水準的。但是如果是在6歲以後被領養的，智力則永遠達不到正常的水準。

這些事實證明：1歲以內確實是兒童心理發展的一段關鍵期。

 Part 1　新生兒期（0～1歲）—人生的第一個敏感期

　　心理學家和教育學家們呼籲教養從0歲開始，不僅是因為0～1歲對兒童的成長和心理發育有著重要的影響，同時也是因為嬰兒的早期經驗會對他們以後的心理發展產生持續性的影響。比如由爸爸媽媽親自撫育的孩子，長大後往往比爺爺奶奶帶大的孩子性格更開朗、更陽光，也更自信，這是由於他們在成長的初期得到了更多的關注和回應。

　　我們都知道，嬰幼兒在主觀能力方面的差異，早在他們出生時就表現出來了。比如有些孩子一出生就會啼哭，有些孩子需要醫生拍打才會啼哭；有些孩子出生幾天就會到處找人，有些孩子則需要長得更大一些才會等等。美國幾位兒童心理病理學家追蹤研究了生活在貧困環境裡的一些美國兒童，他們在這些孩子2歲時測驗了他們對母親的依戀程度以及對周圍世界的探索能力和解決問題的能力。心理學家們發現，雖然這些孩子同樣生活在貧困的家庭中，但他們的適應能力卻差別很大，一些孩子適應能力強，另一些孩子適應能力差。研究人員們後來一直追蹤到這些孩子上國小，並且再次測驗了他們的智力、情緒和社交能力，結果發現，2歲時適應能力強的那組孩子，在國小四年級時的綜合心理測驗平均得分為260分；而早期適應能力差的那組孩子平均只得110分。這項研究也強而有力地說明，早期經驗對後期的心理發展會產生持久的影響。

　　還有一個發生在我們周圍的例子，同樣也可以驗證這個結論。在生活中，經常會聽到有些媽媽抱怨：為什麼我的孩子非

第二節　0歲是教養的開始

常黏人？為什麼我的孩子非常怕黑？確實，有許多孩子平時有家人陪伴的時候看不出什麼問題，一旦與父母分開，馬上會表現得特別焦慮；有些孩子到了四五歲，晚上上廁所還需要父母陪著，一遇到天氣不好或烏雲閃電連門都不敢出。產生上述現象的原因，除了一部分孩子是天生膽小，更多的則是孩子在0～1歲期間，父母沒有給予足夠的安全感。試想，當你獨處一間陌生的屋子時，你會不會產生心慌、不安等緊張的情緒，一個有自保能力的成年人尚且如此，更何況是一個初來人世的小嬰兒呢？對於初到世界上的新生兒來說，外面的世界對於他們既是新奇的，又是不可知的，不可知就會產生不安感，這種不安感如果沒有得到及時消除，就會在孩子的心中留下陰影，也就是我們常說的沒有安全感。而消除這種不安感最好的辦法就是爸爸媽媽的陪伴，這是新生兒獲得安全感的最基本途徑。

綜上可以看出，儘管孩子從出生到1歲前不會說話，不能和成年人進行語言交流，但是從出生就表現出強烈的接近世界、接近人的願望，他們的啼哭、微笑，咿咿啞啞，都表現出不屈不撓地探索周圍未知世界的追求，這是他們的求知欲和想要成為社會人的願望的最好表達。作為父母，有什麼理由錯過這段寶貴時間呢？對於每一個不可逆的成長，我們唯有以熱烈的愛對待孩子，給孩子創造發展的環境，揣摩他、響應他、回應他，才能真正無愧於「為人父母」這四個字。

因此，有必要在此提醒所有的年輕父母，教養孩子不是一

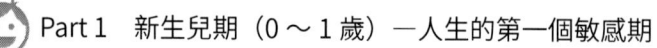

項任務,而是一種責任,是從孩子一出生就注定的一輩子的責任。

第三節 不同的嬰兒氣質

作為一個媽媽,妳是否有過這樣的抱怨:「為什麼我的寶寶很愛哭?」、「為什麼他這麼好動,這麼難帶?」等。在和其他同齡寶寶比較後,每一個媽媽都會或多或少地發出這樣的抱怨。每一個嬰兒從一出生就性格各異,更準確地說,是具有不同的嬰兒氣質。

氣質是心理學中用來形容性格的一種比較穩定的特徵,它會典型地反映在人的日常情緒和行為方式上面。氣質雖然是天生的,但是由於受到後天環境的影響,也會發生一定的改變。作為成年人是可以理解的 —— 一般情況下,我們在交往一段時間後,就能夠基本判斷出對方的氣質類型。但是對於嬰兒的氣質,可能知之甚少。既然已經了解到氣質的先天性,那麼嬰兒氣質的說法也應該是成立的。生活中,有些嬰兒愛笑,有些愛哭;有些好動,有些文靜;有些主動大方,有些害羞膽小;有些小心翼翼,有些大大咧咧,這些不同的表現,都是因為嬰兒氣質的不同。

第三節　不同的嬰兒氣質

　　對於嬰兒的氣質，不同的研究者有不同的看法。我們一般採用的是心理學家湯瑪斯和柴斯的說法，湯瑪斯和柴斯在對嬰兒行為進行長期觀察研究的基礎上，提出了判定氣質的9個維度，分別是：活動水準，寶寶在睡眠、飲食、穿衣、遊戲等過程中身體活動的數量。生理活動的節律性，寶寶在吃、喝、睡、大小便等方面是否有一定的規律。注意分散程度，比如玩耍時，用其他物品去吸引他時是否容易分心。接近或迴避性，寶寶面對新情景、新的刺激及陌生人時，是主動接近還是退縮。適應性，寶寶對新環境、新刺激的適應能力，能否適應及適應的快慢程度如何。注意的廣度和堅持性，如寶寶對自己喜歡的玩具是否能玩很長時間，玩益智玩具能否堅持到最後並且獨立完成。反應的強度，如寶寶感到飢餓時，是放聲大哭還是低聲抽泣。反應閾限，比如嬰兒期的寶寶對聲音的反應是否迅速，大一些的寶寶對自己喜歡和不喜歡的食物混在一起是否在乎。心情品質，積極、愉快情緒與消極、不愉快的情緒相比較的量。

　　根據嬰兒氣質的9個表現維度，專家們將嬰兒氣質分為3種類型：一是平易型，這類嬰兒在吃、喝、睡、大小便等方面很有規律，也較容易適應新環境、新事物及不熟悉的人，對父母及照顧者的哺育有著積極的反應，容易得到父母的關愛；二是困難型，這類寶寶較少，他們時常表現為大聲哭鬧、煩躁不安或愛發脾氣，在飲食、睡眠方面也缺乏規律性，常常需要花

 Part 1　新生兒期（0～1歲）－人生的第一個敏感期

很長的時間來適應新的環境和活動，也常常情緒不佳，養育這類寶寶的父母需要付出極大的耐心和寬容；三是遲緩型，這類寶寶的活動水準低，情緒總是不高，不像困難型的寶寶那樣大聲哭鬧，而是表現安靜、退縮的樣子，往往逃避新刺激、新事物，對外界環境及生活變化適應較慢。

遲緩型氣質的寶寶一般典型行為特徵表現得比較晚，有時候容易被父母忽視，或者會被簡單地誤解為膽小、怕生等。其實他們早在嬰兒時期就已經有一些傾向，如對洗澡和新食物不感興趣、不配合，儘管他們也抗拒，但是表現卻比較安靜。有些父母因此做出一些「強迫」或者「包辦」的行為，「強迫」不僅會對孩子造成心理上的壓力，還會增強逃避反應；「包辦」則會導致過度保護，從而阻礙了孩子正常地去接觸和接近新環境、新刺激，這樣也會使寶寶的各種能力發展受限，影響他們正常發展。

你的寶寶屬於哪種類型呢？不同類型的寶寶的氣質有沒有什麼優劣之分呢？相信很多父母都會關注這個問題。雖然不同的寶寶養育起來面臨的情境不一樣，但總體而言，氣質並無好壞優劣之分。就如民間諺語常說的「龍生九子，九子不同」一樣，每個不同氣質的寶寶都是正常的孩子，他們只是代表著不同的氣質差異，這也是個體差異性產生的一個重要的心理特徵。同時，每一種氣質類型的孩子也都有自己的優點和缺點，比如平易型的孩子很隨和，性格開朗，適應能力也很強，但是

第三節　不同的嬰兒氣質

做事比較輕率，感情也不夠穩定；困難型的孩子情感豐富，對事物非常敏感，但是很任性，適應能力也比較差，尤其愛發脾氣；遲緩型的孩子情感深沉，遇事較冷靜，但是一般比較孤僻，缺乏自信。

那麼，嬰兒的氣質有沒有可能改變呢？「江山易改，稟性難移」，這對於嬰兒的氣質也同樣適用，稟性其實就是這裡所說的氣質。一般來說，氣質之所以具有穩定性，是因為隨著年齡的增長，氣質特徵總是保持相對的穩定性。一個兒童在嬰兒期所表現出來的氣質特點，可能會持續一生，這是由氣質的遺傳性所決定的。但是現代科學也驗證，氣質不僅具有穩定性，也具有可變性。由遺傳所決定的氣質只占到氣質總體成分的 50%，而在環境等因素的影響下，氣質也可以發生一定的改變。如一個適應性不強的孩子，可以透過環境塑造或者行為治療，變得逐步適應環境。

大體上來講，影響嬰兒氣質的因素主要有以下幾個：一是遺傳因素。遺傳學研究顯示，同卵雙生子的氣質相關程度明顯大於異卵雙生子；個體的活動水準、行為退縮、情感轉移、憂鬱等都與遺傳有關。二是母體的情緒。國外有研究報告顯示，母親孕期的心情，對分娩疼痛的恐懼、孕期的工作環境、孕期的看電視時間、住房條件等因素都會影響嬰兒的氣質類型和氣質維度。三是年齡因素。長期縱向觀察研究證明，兒童的氣質類型相對穩定，但隨著年齡的增長，構成氣質的各維度可能會

 Part 1 新生兒期（0～1歲）─人生的第一個敏感期

發生一些傾向性變化，如活動水準及反應強度降低、節律性變好、注意力趨向集中、反應閾限升高等，同時消極心境也會增多。四是獨生子女的影響。獨生子女活動水準較低，適應較快，易於接近或傾向探究，注意力易於集中。

了解這些因素就可以針對孩子的不同氣質，採取能夠適合嬰兒原有氣質的教育方法，同時在條件允許的情況下，提供一些可以改善其不足的環境和刺激，促進兒童全面健康的發展。對於那些可能會影響嬰兒氣質的不良因素，在撫育的過程中要盡量避免，讓嬰兒氣質與養育環境相協調，促進嬰兒心理行為與情緒的正常發展。

需要明白的是，這麼做的最終目的，不是要改變孩子的氣質，而是幫助我們更加了解自己的孩子。孩子表現出一定行為時，可以理解並且幫助他們。

說到了解孩子，並不是每一個做父母的都了解自己的孩子。比如有的孩子早上一睜眼就哇哇大哭，是不舒服、不高興，還是不滿意？如果了解孩子的氣質類型，你可能就會知道他們此時的心境偏於消極，從很小的時候開始，早上一睜開眼就哇哇大哭，我們可以帶著理解的心態看孩子，早起主動跟孩子熱情地打招呼，幫助孩子發洩不良情緒，使孩子保持愉快的心情。假如我們不了解孩子的氣質特點，就會覺得孩子怎麼總是哭，也會變得很煩躁，而這種煩躁只會加重孩子的消極心境，影響孩子的心理發育。

第三節　不同的嬰兒氣質

對孩子不同氣質類型的了解，還可以幫助我們在養育孩子的過程中做到因材施教，盡量避免與孩子發生衝突。如果你沒有滿足他們的要求，比如想要玩具而沒有買，對平易型和遲緩型的兒童來說，一般轉移他們的注意力就行，但是對於困難型的兒童，他們對於外界的反應強度往往很高，往往不吃這一套，他們可能會倒地撒潑打滾，或者做出其他的過激行為。此時可以採取「故意忽視法」，不要硬碰硬地告訴他們應該怎麼做，因為處於憤怒的情緒中是什麼話都聽不進去的。這時盡量不要搭理他們，尤其不能和他們進行眼神的交流，否則當孩子知道你在注意他，發脾氣的時間就會更長。等到他們安靜下來了，再講道理，這時候孩子往往比較容易接受。這種「理智」的教育方式，對父母和孩子雙方的心理都是有好處的。

最後還需要澄清一個問題，那就是氣質和性格是不一樣的兩個概念。氣質是先天帶有的，從一出生就具備可觀察的特徵，但是性格，一般要在孩子長到兩三歲後才會逐漸形成。性格是在氣質的基礎上，以及後天的環境因素或者家庭教育等外在因素的影響下，潛移默化形成的，兩者相互融合又相互制約。

 Part 1　新生兒期（0～1歲）—人生的第一個敏感期

第四節　初生嬰兒的「最強大腦」

　　在現代社會中，大多數人似乎都患有一定程度的臉盲症。但當我們聽到剛上幼稚園的孩子向你介紹這是他們班的某某同學，或者是某某同學的媽媽時，大多數的父母都會感慨孩子們驚人的記憶力。事實上，每個嬰兒在剛出生的時候都具有一個「最強大腦」，只是我們沒有去注意罷了。

　　在中國《最強大腦》某一期的節目中，主持人曾經說過，對於6個月以下的嬰兒，辨認起來實在是太困難了，甚至能難倒他們的媽媽。這一說法對於有些父母來講，確實不算誇張，尤其是十幾個差不多大的小孩同時出現在你面前。

　　在節目中，當選手何思慧透過觀察父母的表情、神態等在眾多嬰兒中準確找出他們的寶寶時，著實驚呆了在座的所有評委和電視機前的觀眾，她應該算是當之無愧的「最強大腦」了吧。但是如果有人告訴你，剛出生不到1歲的嬰兒也有一個「最強大腦」，你會相信嗎？

　　和何思慧一樣，嬰兒也具有極強的觀察能力和辨識能力。許多小嬰兒在剛出生後的幾個小時內，即使他們的視力只有0.02，也能從眾多的女性中辨認出哪個是媽媽，他們真的擁有與生俱來的超強記憶力嗎？

　　研究發現，新生兒對人臉圖有一種天生的興趣，或許是因

第四節　初生嬰兒的「最強大腦」

為「相似性」的緣故。但是最近的研究也證實，兩個月以下的嬰兒並不能很好地區分人臉圖和假人臉圖，他們對兩幅圖的觀察所用時間是大致相等的，因為他們還不會看圖形裡面一些詳細的特徵，如人臉中的眼睛、眉毛、鼻子、嘴等細節。等他們到2～3個月大時，嬰兒看人臉圖比看假人臉圖的時間要長得多。在日常生活中也可以發現，比如拿兩張同樣的照片給3個月大的孩子看，一張正的，一張倒的，孩子一定是看正的那張時間比較長，這說明3個月大的嬰兒已經開始關注細節了。

正因為如此，3個月大的嬰兒也會開始分辨熟悉人和陌生人。拿一張你與他人的合影，或者是你與親人的合影給寶寶看，寶寶會明顯表現出對媽媽的關注，他們看媽媽照片的時間比看陌生人照片要長得多。等到嬰兒到了5個月大時，他們的本事會變得更大，當你多次給他們看一張照片之後，下一次如果你再給他們看同一個人的另一張照片，他們馬上就能認出來，知道這是一張新的照片。

對人臉的特殊興趣和對媽媽的長時間觀察，是嬰兒能夠辨認出媽媽的第一個重要條件。此外，嬰兒在辨認媽媽的時候，還會透過嗅覺和聲音。一般母乳餵養的嬰兒在媽媽餵過一次奶後，就能夠準確地辨認出媽媽的氣息，以此來判斷同樣溫暖的懷抱是不是媽媽。嬰兒對媽媽的聲音也有獨特的記憶，這不僅是出於本能，也是對媽媽聲音的偏愛。

在幾十年前，一些具有創新精神的心理學家對一些新生兒

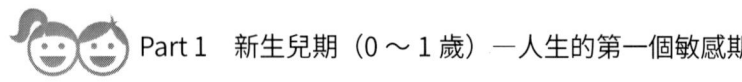 Part 1　新生兒期（0～1歲）—人生的第一個敏感期

做了一項讓人稱奇的實驗。研究人員讓 10 名剛分娩後的產婦讀一段長 25 分鐘的文章，以錄下她們的聲音。參與這次實驗的正是這些產婦的嬰兒們（5 名女嬰和 5 名男嬰）。研究人員給嬰兒戴上耳機，讓他們嘴裡吮著橡皮奶頭。這隻橡皮奶頭與一架能夠啟動錄音機的儀器相連線。

他們給這些只有 3 天大的嬰兒先聽自己媽媽的聲音，然後再給他們聽一位陌生母親的聲音，或者將順序顛倒過來。在嬰兒們聽錄音帶時，研究人員觀察他們吮吸的反應。讓人驚訝的是，嬰兒通常都會改變自己吮吸的方式（加快或者放慢），以便能更長時間地聽到自己媽媽的聲音而非陌生人的聲音。

這項實驗顯示，嬰兒不僅能夠辨別出自己母親的聲音，而且和陌生人的聲音相比，他們更偏愛母親的聲音，同樣的實驗換用父親的聲音就沒有顯示出任何類似的效果。新生兒甚至在長到 4 個月大後都不能辨識父親的聲音。

由此我們也可以得出一個結論，聲音是嬰兒辨認出媽媽的另外一項重要依據。

寶寶們對聲音的敏感同樣表現在剛出生就能區分出母語和外語。如果沒聽見聲音，你能分辨出對方跟你講的是母語還是外語嗎？也許現在的你是做不到的，但當你 6 個月大的時候卻可以辦得到。寶寶對語言的音位極為敏感，生來就有分辨音位的能力，可區分母語和外語的不同。

這種不同表現，展現在他們對母語的偏愛上。在一次實驗

第四節 初生嬰兒的「最強大腦」

中,姆恩、科波和費勒比較了剛出生1天的嬰兒對母語和另一種語言的偏愛程度。嬰兒母親的母語都是西班牙語或英語,實驗者對他們使用了「非營養性吮吸」技術,讓他們聽幾段由一位西班牙婦女和一位英國婦女朗讀的課文錄音。結果發現,嬰兒會透過改變對奶嘴的吮吸方式,使機器用更長時間播放更多的母語錄音內容。這個實驗顯示,剛出生幾小時的嬰兒就已經能辨識自己的母語了。

研究還發現,6個月的寶寶光憑天生的讀唇能力,就能準確地把說話者的發音嘴形和實際聲音做配對:當聽到「啊」聲,寶寶會看著張大嘴巴的那張臉;聽到「咿」聲,則轉頭看著嘴角拉成一條線的臉孔。不過,當嬰兒9個月大時,大腦語言功能開始專精化,對母語的敏感度漸增,全面的音位敏銳度也就逐漸喪失。

產生上述現象的最大可能性是,嬰兒雖然和成人有著同樣的大腦構造,但是他們受到的外界干擾更小,因此在某方面表現出來的能力也就更加突出。如記憶能力、觀察能力以及敏銳的觸覺和情緒感受能力等。

新生兒常常擁有令成年人驚訝的敏銳的觸覺,他們甚至可以用嘴巴去辨別物體的形狀,並且表現出特別的偏好。嘴巴是嬰兒最靈敏的觸覺感官。由於嬰兒控制手部動作的神經迴路尚未發達,早期學習多是透過嘴巴的觸覺經驗,展開對周遭事物的探察。在著名的奶嘴實驗中,研究人員曾經讓1個月大的寶

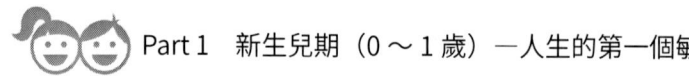
Part 1　新生兒期（0～1歲）─人生的第一個敏感期

寶吸吮兩種安撫奶嘴，一種表面光滑，一種表面有小顆粒，寶寶看不到奶嘴形狀，只能憑嘴巴去感覺。之後，研究人員拿出兩種奶嘴供寶寶分辨，嬰兒會對剛吸吮過的那款奶嘴看得比較久。顯然，寶寶可藉由奶嘴在口中的觸覺感受，判斷出物體的外形。

新生兒從一出生就具備了較強的情緒感受能力和同理能力。紐約大學心理學教授馬丁‧霍夫曼（Martin L. Hoffman）曾經做過一個實驗，當嬰兒聽到別的寶寶哭泣的錄音聲，就會跟著哭起來；相反，如果播放的是自己的哭泣聲時，嬰兒多半不會有所反應。此外，7個月大的嬰兒，就能夠判斷出人類聲音中的情緒起伏，能夠感知他人快樂或悲傷的情緒，也易受到他人情緒的感染。最常見的例子就是，當你面對一個小嬰兒時，如果你的表情是悲傷的，嬰兒可能馬上也會撇嘴，甚至哇哇大哭；但是如果你一直在對他笑，他可能也會笑。同樣，面對煩躁或者憂傷的父母時，嬰兒也會表現出情緒不穩定，導致大人越來越煩。有趣的是，當嬰兒有了一定的動手能力時，他們還會主動運用同理心去解決問題，如主動伸手替傷心的媽媽擦眼淚，或者安慰身旁不高興的同伴等等。

儘管嬰兒從一出生就具備了如此強大的大腦，但是這些能力也會在他們成長的過程中逐漸得到增強或者是退化。嬰兒外在能力的顯現與內心心理的發育是分不開的，只有更加注重嬰兒的心理發展，才能讓他們的「最強大腦」一直強大下去。

第五節　哭的多重含義

在寶寶剛出生的第一年裡，你是否記錄過寶寶的每一次哭聲？他們每次哭喊背後的含義你都了解嗎？寶寶們的哭喊除了表達自己的生理需求外，同時也是與成人進行互動和試探。新生兒在哭喊中長大，並且出色地完成了對外面世界的第一次探索。

如果把新生兒的每一次哭聲都精確記錄和計算的話，他們每天大約要哭3個小時。吃驚嗎？你是否想過你的寶貝會哭這麼久？他們當然不是一次就把哭的時間全部用完。儘管在成人的世界裡，小寶寶們的哭確實太頻繁了，但是對於他們來說，哭是在訴說同一件事情。這些別人可以聽不懂，但是作為媽媽，很有必要耐心地學習一下。

哭聲的第一個含義是「我餓了，快開飯吧」。每一個媽媽大概都會有這樣的感受，新生嬰兒實在是太能吃了，幾乎每過1個小時就需要餵一次。這其實很正常，畢竟嬰兒的胃容量還是很有限的。大部分健康的新生兒在出生的頭三週內，哭都是因為飢餓，媽媽們普遍做得很好，大部分的新媽媽在聽到寶貝的哭聲後，第一反應是趕緊餵奶。只要含上乳頭或奶嘴，寶寶就能馬上安靜下來，一副急不可待的樣子，而且在吃奶的間隙還會發出滿足的嚶嚀聲。

 Part 1　新生兒期（0～1歲）—人生的第一個敏感期

這類哭聲的典型聲效是音調低，有節奏，並且有一定的規律可循：一般是先短促地哭一聲，然後再停頓，再短哭，再停頓，聽起來就像是喊「餓、餓」一樣，哭聲在媽媽抱起來餵奶的一瞬間就會停止。另外一種情形也可以判斷出新生兒是因為飢餓而哭，他們在哭的同時，會小嘴微張並向四周尋覓，一旦有人靠近，馬上就往懷裡扎「直奔主題」。對於新生嬰兒來說，最重要的事情就是吃，這是他們最基本的滿足感。

哭聲的第二個含義是「我累了，要睡覺」。累了要睡覺不僅是成年人的需求，對於小寶寶來講也是如此。累了就睡是嬰兒大多數時間的本能反應，並不需要太多的安撫。勞累（對於嬰兒來說，他們是很容易累的）的寶寶會打哈欠，會用手揉眼睛，這些都是在給媽媽們暗示和提醒。在這種情況下，只有極少數黏人的寶寶需要媽媽們去哄，大多數的孩子都能夠很快地睡著。在生活中，經常有人抱怨孩子睡覺前煩人，其實不是孩子煩人，而是大人們沒有弄清楚他們此時的需求，總是一廂情願地哄他、逗他、抱他。可能有人會問，抱著不也能睡嗎？除了個別缺乏安全感的孩子外，大部分的寶寶在累的時候，更願意躺在舒舒服服的床上睡覺，這樣才可以讓他們舒展和自由。面對此時「不識時務」的媽媽或者其他大人們，寶貝也只能用「大發雷霆」哭鬧來反抗了。明明要睡覺了卻不能睡，換作是你，脾氣能好得起來嗎？

寶寶們疲勞時的哭聲是很具有迷惑性的，發出的哭聲一般

036

第五節　哭的多重含義

都很強烈,而且有些顫抖和跳躍,這是由於疲憊導致身體不舒服。有些時候是因為外界環境的嘈雜,讓寶寶心情煩躁。最好的做法就是讓周圍的環境安靜下來,將寶寶放到小床上,輕輕地拍拍他,讓他盡快入睡。寶寶一般越是疲憊,身體的不適感就越強,就越不容易安靜下來,哭聲也會越強烈。所以,照顧寶寶的時候一定要細心觀察。

哭聲的第三個含義是寶寶因為環境導致身體不適而引起的抗議,如「該換尿布了」、「太熱(冷)了」、「環境太嘈雜了」等。新生兒在初到世界上的幾個月內對環境很敏感,因為已經習慣了媽媽子宮裡的舒適生活。所以當任何環境引起身體不舒服時,寶寶都會用哭聲來表達抗議。嬰兒在需要換尿布的時候會哭,不同的嬰兒對髒尿布的忍耐程度也是有差異的,有些寶寶在感受到尿布溼了的第一時間就會哭起來,呼喚媽媽來做「場地清潔服務」,但是有些寶寶卻不以為然,除非小屁屁紅了、癢了等才提出抗議。最好的解決辦法就是,只需開啟看看就可以明瞭。

新生兒對外界溫度的變化反應也很敏感,他們大多喜歡身體暖暖的感覺,就像在媽媽肚子裡那樣舒服。和成年人不一樣的是,嬰兒們對熱的抱怨不會那麼直接,所以不能讓他們穿過多的衣服,出汗會讓他們感到不舒服。用正常體溫的手去摸摸寶寶的耳朵、脖子和鼻子等露在外面的部位,可以判斷寶寶的衣被是否合適。如果脖子和耳朵後面有汗,說明他們太熱了;如

Part 1　新生兒期（0～1歲）一人生的第一個敏感期

果這些地方很涼，可能還不夠溫暖，需要新增衣被。新生兒通常需要比成人多穿一層衣服，如果在換尿布或者脫衣服準備洗澡時，他們可能突然大哭，因為他們不喜歡被晾在外面，所以對於父母來說，需要學習更熟練地換尿布和穿脫衣服，以減少他們暴露在外面的時間。

當你帶著寶貝在外面時，如果孩子哭了，並且哭聲裡帶有煩躁不安的情緒，這也許是周圍的環境對寶寶造成的刺激過於強烈了。比如燈光過於炫目，聲音很嘈雜，移動的速度太快，或者是你晃動寶寶的幅度太大，都會對他們造成不安。這時候需要換一個環境或者把屋裡的燈光調暗，減小手臂的擺動幅度，可以先試著讓他躺在床上發洩一會兒，再看看能否把他哄睡著。對於比較敏感的寶寶，可以嘗試建立日常作息時間表，每天餵奶、洗澡、散步、睡覺的時間盡可能地固定下來，這樣會讓他們更安心。

哭聲的第四個含義是「抱抱我」。對於稍大一些的寶寶，只要哭，媽媽們一般會本能地將他們抱進懷裡，這也是為什麼寶寶會用哭來表達「抱抱我」的原因。用哭來提要求是「黏人」的寶寶們慣用的手段，他們的哭聲就像裝了開關的音響一樣，只要被抱起來馬上就停止。畢竟在媽媽子宮裡待了長達9個多月，寶寶已經習慣了在溫暖狹小的空間裡生活。外面的世界固然很精采，但是他們畢竟還不是很熟悉，所以依然還是很想念媽媽的懷抱。作為這類孩子的媽媽可能會比其他媽媽累一些，但

第五節　哭的多重含義

是換個角度想想，這也是和寶寶親近的一種方式，何樂而不為呢？尤其是對於3個月以內的寶寶，絲毫不用擔心這樣做會寵壞他，因為他只不過是喜歡聽到媽媽的聲音，聽到熟悉的心跳聲，聞到媽媽的味道，這太正常了。

不過凡事都有例外，對於一些比較纏人的寶寶，他們的需求也不斷地發生變化。也許上次哭是想讓你抱，這次卻是想讓你放下來，很多嬰兒哭是因為想要改變現狀。這個時候你可以嘗試抱起或放下他，再觀察他是否能安靜下來，如果不哭了，那就說明你做對了。

哭聲的第五個含義是「我很無聊，快來陪我玩會兒吧」。嬰兒們由於氣質的差異，在與人交往的意願方面也表現出很大的不同。有些嬰兒可以很長時間獨自一個人躺在小床上不哭不鬧，但也有些嬰兒卻幾乎片刻也離不開人，這是因為「黏人」的寶寶有著更強烈的與人交往的願望，他們對環境的適應也會很快。實驗發現，即使只有6週大的嬰兒，竟然也有無聊的時候，他們會用低聲的啜泣告訴你：需要有人陪他玩，需要換個環境。這時候給他們唱首歌或者是換一種玩具，或是隻需換一個躺著的地方，他們就變得很高興，因為不同的「風景」會引起他們新的興趣。

哭聲的第六個含義是「我的身體很不舒服」。1歲以下的寶寶由於消化和免疫系統都還沒有完全形成，因此有時候會生病。生病時，寶寶的哭泣是虛弱的，與平時的大哭不同，他們

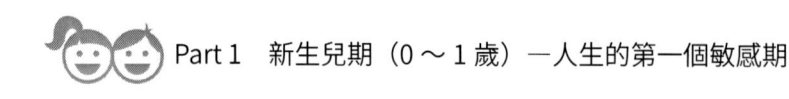

Part 1　新生兒期（0～1歲）－人生的第一個敏感期

只是嗚咽。同時還表現出一定程度的無精打采、食慾不振，或者伴隨嘔吐、腹瀉、發燒等症狀，這個時候需要及時帶寶寶去看醫生。有些孩子還會因為不舒服而發生哭鬧，如肚子痛，或者得了疝氣，這種情況下的哭鬧時間一般會比較長，並且不容易安慰，這就需要媽媽們付出比平時更多的耐心和努力。

值得注意的是，由於外界傷害引起的疼痛而導致的哭聲與生病時是大不一樣的。一般情況下，如果寶寶因為突然受傷或者是不舒服而哭鬧，哭聲都是很劇烈的，同時也比較尖銳。這個時候大人們要馬上檢查原因，看看是不是有床欄卡住了孩子的腿或腳，是否有頭髮或線頭纏住了他的腳趾使血液流通不暢，或者灰塵進了眼睛等等。在確認沒有問題後，再適當地安慰寶寶，讓他們的情緒得到緩解。

在了解了寶寶們為什麼哭後，除了滿足他們的需求，還需要做些什麼呢？可以把他們包起來抱住──新生兒喜歡溫暖和安全的感覺，就像在媽媽子宮中一樣；也可以讓他們聽有節奏的聲音──新生兒對心跳的聲音很熟悉，這也是他們為什麼喜歡被抱著的原因；還可以帶著他們在屋子裡轉一下，或者放在搖籃裡輕輕搖動──讓他們的身體放鬆，轉移注意力；如果是因為身體不舒服而哭泣，可以輕輕地揉揉他們的肚子。輕輕按摩嬰兒的後背或腹部，是許多媽媽最經常做的安撫寶寶的方式，這對那些因患疝氣而肚子脹痛的嬰兒也是比較有效的。

最後，父母還需要照顧好自己。寶寶已經因為某些情況很

煩躁了，這個時候父母們能做的就是幫忙緩解，而不是讓壞情緒傳染他們。所以面對哭泣的寶寶，自己的心態也很重要。

第六節　小寶寶也會有心事嗎

　　夜深了，小寶寶已經進入夢鄉，看著他們熟睡的臉龐上流露出甜甜的笑容，每一個媽媽都會在心底湧現出感動與憐愛。但是寶寶們並不永遠無憂無慮，在醒著的時候，他們也會有自己的心事。

　　傳統的看法認為，從剛出生到1歲的小寶寶是沒有自己的情感的，他們的反應大多都是一種本能反射。不過這種看法已經過時，因為越來越多的研究證明寶寶們在吃飽喝足睡夠之後，是可以對周圍的環境做出反應的，他們大腦裡控制感情的部分要比單純隨意的反應複雜多了。許多人都有過這樣的經驗，當你對著一個嬰兒笑的時候，他也會不自覺地對你笑，但是當你對他做鬼臉或者是表現出憤怒時，他可能會被嚇哭。這是因為小寶寶出生時，他們大腦中用以辨識和表達感情的部分已經建立了一半，並且已經學會透過大腦的判斷來辨識他人的面部表情。嬰兒日益長大，感情也會逐漸變得複雜，並用更複雜的方式把這種感情表現出來。

Part 1　新生兒期（0～1歲）—人生的第一個敏感期

對於半歲以下的小寶寶來說，稱他們是快樂的小天使一點也不過分，這大概是嬰兒期最沒有煩惱的一個階段了。外面的一切對他們來說都很新奇，反應也最為真實自然。比如房間的光線是否合適，周圍的聲音是否嘈雜，他們都會用反應來告訴你，喜歡就會看，不喜歡就會煩躁或哭鬧；如果喜歡安靜地待在媽媽的懷抱裡，他們就會緊緊地貼著你，如果不喜歡，會想盡各種方法掙脫你。他們這些行為與內心的意識有關，而與外界的環境無關。當你抱起一個寶寶，他的手很自然地搭在你的懷抱中時，表明此時他很放鬆，也非常願意和你接觸，這是嬰兒表達愛的一種最原始的方式。

嬰兒有意識的微笑大概發生在4～8個月之間，這種動作和之前無意識的肌肉動作是完全不同的，這時他們的微笑已經有了針對性。比如一個正在咿咿呀呀的寶寶看到媽媽正向自己走來，他會對著媽媽微笑。有研究顯示，即使是失明的寶寶，當他聽到熟悉的聲音或者感受到熟悉的撫愛時，就會露出甜甜的微笑，這和成人對於感情的表達是非常相似的。

嬰兒對於感情的每一種表達，如果能夠及時得到外界的回應，將會增強他們的自信，促進情感和智力的發育。對於初次做父母的人來說，及時回應寶寶的微笑，不僅能夠感受生命的神奇，同時也可以和寶寶的情感貼得更近。對於還不能很好地適應父母角色的人來說，嬰兒的微笑也是一種無聲的鼓勵，似乎在告訴爸爸媽媽：「你們做得很好，我很開心。」所以給寶寶

第六節　小寶寶也會有心事嗎

最好的回報就是及時報以輕鬆的微笑，讓他們知道父母對他們的表現感到很驚喜和開心。這也讓寶寶的心理得到了兩個方面的鍛鍊：第一，表達自己的感情；第二，知道自己的行為會引起他人的反應，這遠比他自己的感覺更重要。

慢慢地，寶寶與人的交流也開始越來越多。除了微笑，寶寶在特別開心時也會咯咯地笑出聲，並且手舞足蹈、興高采烈，甚至等著你逗他。有實驗表明，當一個5個月大的小寶寶躺在床上時，媽媽走近但藏在寶寶的床後，即使看不到媽媽，可寶寶還是會興奮地扭來扭去，等著媽媽和他躲貓貓。這個時期的寶寶已經有了和他人玩遊戲的心理，並且在與他人的互動中表達自己的感情和願望，是他們內心純粹感情的自我流露。

寶寶逐漸發展的語言能力也是他們表達感情的另外一種方式。在嬰兒3個月大左右時，他們開始嘗試著用咿咿啞啞的語言來表達自己的想法，而且特別喜歡聽到他人說話的聲音，因為他們在不斷地模仿和學習。當一個寶寶在咿咿啞啞地和你交流時，其實就是在與你「說話」，如果你恰巧能夠「聽懂」他的話，他就會很高興，也很有成就感，並與你持續「對話」；如果你不幸猜錯了寶寶「說的話」，他會很生氣，會有一種「挫敗感」，就像你急於告訴他人一件事情，而他一直不理解會讓你感到急躁。對於嬰兒來說，這畢竟是第一次嘗試，別人的回應對他們來說很重要。所以無論是猜對了還是猜錯了寶寶話語的意思，都比沒有回應結果要好。回應，至少證明你有「聽」的意

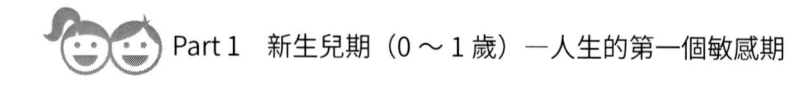

Part 1　新生兒期（0～1歲）—人生的第一個敏感期

識，這本身對於寶寶來說是一種很積極的體驗，也有助於寶寶將來語言的發展。

寶寶們當然也會有其他情緒，比如氣憤，這種消極情緒在嬰兒出生不久後就產生了。比如當一個四五個月大的寶寶在玩搖鈴時，媽媽可能覺得玩的時間太長了，就想幫他換一個，便直接把玩具拿走了。這時候寶寶的肚子可能會發出「咕咕」的聲音，你可千萬不要以為是寶寶餓了，這正是他氣憤的表現——這個時候寶寶可能正在憋氣，有些反應強烈的寶寶過一會兒還會發出大聲的哭喊。這是因為媽媽的行為讓寶寶有失落和挫敗感，因此嬰兒有時候會把手中的玩具抓得很緊，這是因為他們有了保護自己玩具的意識。面對搶奪玩具的人，下意識就是抓緊，不讓人拿，這也是寶寶自我控制的開始。

對於 6～12 個月的寶寶，他們的心事可能會變得更加複雜，因為對於外界已經有了一定的生活經驗，內心就會留下更多的情緒軌跡，這會直接影響到他們對於同類事件的表達和表現。一般說來，這個時期的寶寶主要存在兩種感受，一種是害怕，一種是依戀。

你還記得第一次帶寶寶去遊樂園玩耍時的情景嗎？那裡面有很多卡通人偶，由於外在的相貌與寶寶們通常所看到的人有所不同——即使是寶寶之前在書上看到過同樣的卡通人物，他們也不會希望現實中存在。對於 1 歲以下的寶寶，他們還不能很好地區分現實和虛幻，他們通常會很擔憂，甚至害怕會有什

第六節　小寶寶也會有心事嗎

麼不好的事情在自己身上發生。所以他們會更加緊緊地抱住媽媽的手臂,但是眼睛卻不離開卡通人物,因為要確定他們是否會對自己造成傷害,而且希望媽媽可以保護自己的安全。等到卡通人物離開,我們會感到孩子長長地出了一口氣,可能心想終於沒事了。同樣的情形在寶寶見到生人時也會發生,這是一種很正常的反應。畢竟隨著年齡的增長,他們對世界的認知和理解也更複雜,會害怕自己的生活秩序被打破。

在半歲到1歲之間,寶寶們基本上已經知道了誰是他們生活中最重要的人。可以是媽媽,也可以是奶奶等日常陪伴他最多、最能夠給他安全感的人。即使寶寶們已經有了一定的獨立活動的意願,但是他們也會對身邊重要的人產生一種強烈的依戀。這種依戀和對分離的焦慮是相對的,依戀越深,就會對分離越焦慮。比如當寶寶喜歡的人暫時離開時,他們就會變得不安,會哭鬧不止,這是因為他們也不確定喜歡的人還會不會回來。這種現象表明寶寶的大腦已經有了進一步的發展,開始學會計算預期損失。

此時,一種新的分離焦慮的情緒出現了。當寶寶喜歡的人離開時,他會表現出強烈的不安,不知道喜歡的人還會不會回來。所以,在媽媽換衣服或爸爸拿起鑰匙要出門時,寶寶就開始變得極度不安,甚至聲嘶力竭地哭鬧,這種普遍的分離焦慮現象說明:寶寶的大腦已經發展到可以預期損失。

半歲以上的寶寶就已經有了分享喜悅情感的需求。當他看

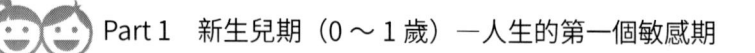

到一隻可愛的小狗狗時，他會拉著喜歡的人讓他們看，或者對某種環境特別偏愛時，也會將喜歡的人拉到那裡。寶寶們對自己喜歡的事物總是有著與眾不同的感受力，在快到 1 歲時，他們甚至可以喊出喜歡的人或事物的名字，如「媽媽」、「狗狗」。這些詞語的產生，對於寶寶有著重要的意義，這代表他們已經學會用語言來表達自己的情感需求了。

小寶寶們的心事，現在你能看懂了嗎？

第七節　秩序和規律對於新生兒的意義

讓我們一起進入一個場景：一位媽媽每天下午 4 點鐘的時候，都會帶著她 12 個月大的寶寶到社區的花園裡散步。3 天以後，不用看時間，一到這個時候寶寶就會要求出門，甚至會自己往外走，這就是寶寶的秩序感和對生活的規律。

許多媽媽在孩子成長的過程中都會抱怨孩子的偏執，比如必須蓋自己的被子，每天回家的路線不能改變，第一次看到小熊是在哪裡以後就必須在哪裡等等。有些媽媽甚至會覺得這是孩子的任性行為，其實這些都是孩子幼小心靈中的「秩序感」在發生作用。

許多研究證明，秩序感是我們對周圍事物形態所展現出的均

第七節 秩序和規律對於新生兒的意義

衡、比例、對稱、節奏等因素產生的一種愉快、興奮、舒服的感覺。其中還包括時間的秩序，也就是生活規律。對於寶寶來說，一個有秩序的環境不僅可以幫助他認識事物、熟悉環境，還可以增強其安全感。同樣，秩序的變化也會引起寶寶情緒波動。

普遍被大家所認同的秩序敏感期是在幼兒 2～3 歲時，但是更多的研究發現，嬰兒從出生後就會對秩序和規則產生要求和感受，熟悉的環境、整潔的房間、固定的照顧者等，都是寶寶對秩序和規則的一種感受。對於 1 歲前的寶寶來說，他們的秩序感更多地展現在對日常瑣碎事情的安排上，如睡覺、飲食、遊戲等，有序的生活安排和環境會讓寶寶產生安全感，孩子可以透過有秩序的環境來和自己的內部秩序配對。外在的有序可以使孩子形成內在的秩序——即知覺歸類，他們會將所有看到的歸為一類，聽到的歸為一類，摸到的歸為一類，聞到的歸為一類，嘗到的歸為一類。當發展了所有的感官後，就會從對感覺的認識上升到對知覺的認知，這樣就形成了智慧。這時孩子對外部世界便有了自己的認知，這種認識不僅滿足了孩子對外在世界的求知欲，同時也會使他們的情緒更加穩定——安全感建立得越多，情緒就越穩定。

一般情況下，秩序感被打亂的寶寶，不僅情緒上容易變得不安和易發脾氣，還會影響到寶寶以後對「規則意識」的學習。再者，由於秩序感的缺失，引發的缺乏安全感和不確定感也容易引起寶寶的情緒障礙。

Part 1　新生兒期（0～1歲）一人生的第一個敏感期

或許有人會產生這樣的疑惑：給年齡這麼小的寶寶建立秩序感，講規則，他們會不會被條條框框所束縛，從而扼殺寶寶的創造力呢？有必要在此澄清的是，這裡所講的「秩序感」並非要求父母嚴格地控制寶寶的生活作息和日常行為，更不是刻板地要求寶寶遵循某種行為規則，而是鼓勵寶寶對有秩序感的生活產生愉快的期待，使他們的生活習慣和行為方式慢慢適應和符合年齡的秩序，從而使之更容易融入社會環境。

寶寶秩序感的形成和發展，大多數時候是需要父母引導的。比如在幫助幼兒建立睡眠秩序時，可以在嬰兒剛出生的1～6個月時，每天在寶寶晚上睡覺時關掉所有的燈，只開夜燈，並且保持適當的安靜，親親寶寶說「該關燈睡覺了，寶寶晚安」，也可以適當替寶寶做一些助眠按摩；而在白天，寶寶睡覺時可採取另外一種方式，如開啟部分窗簾，讓寶寶感受白天的光線，當寶寶睡醒的時候也可以引導寶寶觀察外面的景物，如「今天天氣真好，太陽公公還在和寶寶打招呼呢」。堅持一段時間，寶寶就可以發現白天和晚上是不一樣的，晚上更適合睡覺，這樣寶寶也會逐漸調整自己的生理時鐘，並且不會在白天睡覺時，對環境是否安靜有著過度的要求。

對於大一些的且有動手能力的寶寶來說，可以嘗試和他們一起進行一些睡前活動，如睡覺前和寶寶一起把玩具收起來，讓寶寶看著你替他鋪床，和寶寶一起關燈等等。這些睡前訊號的發出，也是為了暗示寶寶該睡覺了，這時候寶寶應該控制興

第七節　秩序和規律對於新生兒的意義

奮感,逐漸產生睡意。

　　由於寶寶在出生時身體本身就已經具有了一定的規律性,如生理時鐘,因此對於寶寶秩序感的建立並不是很困難。除了有意識地引導外,還可以透過提供有秩序的環境來幫助寶寶。如整潔舒適的家居布置、寶寶玩耍的房間裡的木質地板與柔軟靠墊,這些都會讓寶寶心情愉悅並感覺安全。家人也是家庭環境的延伸,爸爸媽媽日常的行為也有助於寶寶建立秩序感,如父母經常打掃清潔房間,整理物品,這種「身教」比嘴巴上的「言傳」效果更好。在引導寶寶建立秩序感的時候,父母還要注意區分「秩序的美感」與「刻板的規則」,比如在家庭布置中,寶寶將方形的沙發靠墊整齊地擺放在方形的沙發上,爸爸媽媽一方面要讚許寶寶的行動,另一方面可以和寶寶一起嘗試把方形和圓形交替放在沙發上以求美觀。在寶寶秩序感的發展過程中,鼓勵寶寶的創造性與建立寶寶的秩序感同樣重要。

　　了解了秩序感對於寶寶的意義後,規律性就變得更加容易。從某種意義上來說,日常生活中所形成的規律也是秩序的一種。對大多數人來說,生活是由一系列程序——即我們每天都要遵守的例行習慣和規律所組成的。對於嬰幼兒來說同樣如此。儘管我們一直致力於幫助他們形成這樣的程式,但未必知道規律對於他們的意義,尤其是對不滿週歲的嬰兒。

　　規律對於嬰幼兒的第一個意義在於,它是情緒的一種有效控制機制。無論是吃點心、打瞌睡、玩還是親人回家,知道下

Part 1　新生兒期（0～1歲）—人生的第一個敏感期

一步將會發生什麼，會給嬰幼兒帶來身體和情緒的穩定。這種穩定性和一貫性會使他們感到安全——相信愛護他們的大人一定會滿足他們的需求。當他們能夠感到這種信任和安全感時，就可以自由地做自己想做的事情了，如一邊玩耍，一邊探索和學習。

規律的第二個意義在於，它可以有效地減少衝突的發生。穩定的規律能讓嬰幼兒對下一步發生的事情進行預測並且了解日常生活中每一種情況下的正確行為。這不僅能帶給孩子自信，還能帶來一種控制的感覺。對於父母來說，替孩子建立一種規律性，就可以減少每天拒絕孩子以及糾正其行為的次數，這樣也可以避免大人和孩子之間發生衝突。

規律的第三個重要的意義在於，規律和例行習慣為寶寶們的學習打下了基礎。規律在維護孩子日常行為習慣的同時，也為其成長和學習提供了很多的機會。以洗澡為例，一般嬰兒在洗過幾次澡之後，就會形成自己的固定模式，比如暖和的房間、大大的浴缸，還有浴缸裡有許多小玩具：小船、鴨子、泡泡等——這些最初都是為了吸引寶寶的興趣。在最初洗澡時，媽媽會進行一系列的演示，這些是為了讓寶寶覺得洗澡是一件有趣的事情，一旦習慣和規律形成，寶寶每次都會重複這些行為，比如觀察自己身體的各個部位，用杯子盛滿水再倒進浴缸裡，洗完澡後把身體擦乾，包裹在暖和的毛巾裡，再聞聞自己：真香！這樣簡單的一個洗澡過程，可以讓寶寶練習社交技

巧 —— 和小玩具們玩耍，按次序交談 —— 先玩什麼，再玩什麼，了解因果效應 —— 因為洗了澡，所以很香等，還有一些其他概念，比如什麼是空，什麼是滿，這些都可以培養孩子的自尊心，增強孩子的自信心，讓他們覺得自己很棒。此外，規律的重複性也為孩子們的學習提供了必要的練習和驗證的條件。

為人父母真的不是一件簡單的事情，與其日後抱怨孩子沒有好習慣，不如在他們對秩序和規律產生興趣的第一時間來引導他。珍惜與孩子相處的每一個平常時刻，我們會發現每一天都是有趣並富有意義的。

第八節　寶寶為什麼不讓你抱

你是否遭遇過這樣的尷尬：去朋友家裡做客，本想抱抱他家可愛的小寶寶，誰知道剛準備伸手，寶寶就「哇」的一聲大哭起來，弄得你非常不好意思。儘管朋友嘴上說「沒事，沒事，小孩可能有點怕生」，但你還是覺得非常尷尬。

如果這種場景是偶然的，倒還沒有什麼，但是如果經常發生，就太尷尬了。

悠悠的舅媽最近就很苦惱，她很喜歡外甥悠悠，每次悠悠來家裡做客，和別人都玩得很開心，讓逗也讓抱，但是一到舅

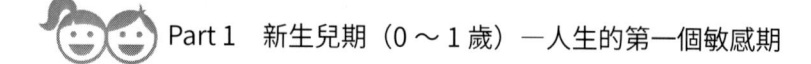

Part 1　新生兒期（0～1歲）－人生的第一個敏感期

媽這裡臉色就變了，好一點的時候就是臉變得很嚴肅，不好的時候直接就「哇哇」大哭，從幾個月到現在一直都是。說他「怕生」吧，但和其他人玩一會兒就熟悉了，如果不是「怕生」，為什麼偏偏就不讓自己抱呢？自己明明也是很喜歡他的呀，並沒有對他不好啊！

像悠悠的舅媽一樣有困惑的人可能還不是少數。寶寶為什麼不讓你抱？當然不能排除嬰兒「怕生」的可能，幾乎每個寶寶在一段時期都會經歷所謂的「怕生期」，德國的教育學專家克里斯蒂安博士曾經說過：「寶寶的怕生期隨著他的成長而自然產生，很可能在一夜之間，怕生期就到來。」

寶寶怕生是情感發展的第一個重要的里程碑。寶寶可能會變得很黏人，但只要碰到新面孔（哪怕是熟悉的人），就會感到焦慮不安，如果有陌生人突然接近他，寶寶可能還會哭起來。所以，媽媽如果碰到這樣的情況，不用感到奇怪，這是寶寶正常的表現。

嬰兒在4個月之前，一般是不會怕生的。因為這個時候他對周圍的一些新鮮事物都比較好奇，包括不熟悉的人。對任何人的引逗，都會報以喜悅與微笑，但也有例外，當寶寶的身體不舒服或者是想要睡覺時，相較於寶寶的好奇心，他們更需要熟悉的人或者環境帶來的安全感──這也是人類的本能。

寶寶在4～5個月時，對陌生人會出現「警惕的注意」現象。他們會來回地注視，比較陌生人與熟人（主要是媽媽）的面

第八節　寶寶為什麼不讓你抱

孔，對陌生人的臉注視的時間會更長些。待到5～7個月時，寶寶就已經可以辨別出陌生人，並且會在陌生人面前表現出明顯的嚴肅、緊張的神態。7個月以後，寶寶會對陌生人表現出哭鬧、迴避等比較強烈的情緒反應，這也是寶寶的「怕生」高峰期。隨著寶寶逐漸長大，「怕生」的表現就會逐漸減弱。

由於每一個寶寶都具有個體差異性，再加上生長環境和養育環境的不同，寶寶們表現出的「怕生」階段和程度也是不同的。一般情況下，在成長過程中存在以下情形的寶寶們會比較「怕生」。一種是撫育人比較單一，比如經常由媽媽或奶奶或外婆等一個人帶著。因為寶寶每天幾乎只跟一個人打交道，很容易對其他人產生排斥心理，以至於有時爸爸抱幾分鐘，寶寶就會哭。第二種是媽媽是個「宅女」，經常喜歡帶著寶寶窩在家裡。由於媽媽不經常帶出去接觸其他人，寶寶就失去了和其他人接觸的機會，生活圈就會狹小起來，很容易一見到陌生人就產生害怕的心理。這也就是我們通常所說的「見識少」。第三種是因為某些人比較「奇怪」，與寶寶正常接觸的人不一樣，這樣容易引起他們害怕的心理。比如對一些戴眼鏡或戴帽子的陌生人，寶寶看到他們就會哭，更不會讓他們抱，這可能是因為寶寶在家裡沒有看到過這樣的人。

寶寶過於怕生，雖然從某種程度上講，可以更好地保護寶寶的生存安全，但是怕生也會阻礙寶寶與外界的人際溝通，尤其是社交認知等方面的心理發育，這對寶寶以後的成長會很不

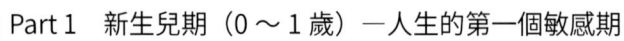

Part 1　新生兒期（0～1歲）─人生的第一個敏感期

利。因此，我們可以採取一些有效的方式來幫助寶寶順利度過「怕生期」。

◆ 第一，多帶寶寶出去走走

在寶寶3～4個月以前還不懂得怕生的時候，媽媽可以有意識地帶寶寶走出家門，以幫助寶寶儘早適應可能接觸到的各種社會環境。經常帶寶寶去社區廣場、花園綠地等人多、小朋友比較多的場合，讓寶寶看看周圍新鮮有趣的環境，感受不同人的聲音和長相。但是在集體活動中，要避免眾多陌生的面孔同時出現，或眾多的陌生人七嘴八舌地一起與他打招呼或爭搶著抱他、逗他等，這樣會增加他害怕的心理。

◆ 第二，讓寶寶多多接觸陌生人

有些寶寶只喜歡讓媽媽一個人抱，其他家庭成員一抱就哭，這就是因為平時接觸的人實在太少了。對此，媽媽可以嘗試著讓其他家庭成員多抱抱寶寶，在他們抱的時候，媽媽可以暫時離開一會兒。讓寶寶慢慢熟悉除爸爸媽媽之外的陌生人。可以先從家人開始，再是其他不熟悉的人，比如爸爸媽媽的同事、朋友、鄰居等。

盡量讓寶寶逐步接觸一些不同的人群，包括戴眼鏡、戴帽子等有點特徵的人，慢慢地，寶寶就會適應他們，不再產生戒備心理。媽媽不妨在家裡偶爾戴戴眼鏡或帽子來讓寶寶習慣這樣的人群。

第八節　寶寶為什麼不讓你抱

在寶寶與陌生人接觸的時候，我們會發現寶寶也有自己的交往喜好，這時媽媽們應尊重他們的愛好，並且有意識地「迎合」他們的這種喜好。比如即使很怕生，但是對於一些比較年輕的阿姨或者同齡的小寶寶，還是比較喜歡和他們一起玩，這是因為年輕的阿姨讓他有種媽媽般的感覺，而從小寶寶身上可以看到自己的「影子」。所以當媽媽帶他們出去玩耍時，可以跟那些阿姨或者小寶寶打招呼，跟他們一起玩。讓寶寶知道除了家裡人之外，其他人也都是和藹可親的，不用害怕、膽怯。

◆ 第三，在日常生活中給寶寶安全感

寶寶怕生一般都與「害怕」有關，所以媽媽及周圍接近寶寶的人都要給他一種安全感。媽媽以及家人平時都要保持態度溫和、情緒穩定，不要忽冷忽熱，尤其在寶寶哭時，更要有耐心，不能訓斥寶寶。媽媽也要提醒親朋好友，接近寶寶時動作要慢一點、溫柔些。千萬不能很突然地將寶寶交給「陌生人」抱，這樣會加強他的戒備和緊張心理，讓他沒有安全感，以後更害怕接觸陌生人。

除了「怕生」，寶寶不讓你抱還有可能是因為你在他的判斷中是個「壞人」。有人可能會驚訝，不會吧，這麼小的寶寶也會識人術？別不相信，英國《每日郵報》就曾經報導過，嬰兒也會「以貌取人」，他們甚至會像成年人一樣，透過觀察人的臉部，判斷出一個人的性格、能力，以及是否可信等，這種判斷在不

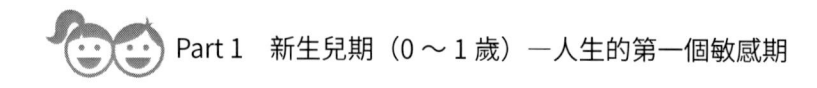

Part 1　新生兒期（0～1歲）─人生的第一個敏感期

滿週歲的嬰兒身上表現得更為突出和神奇。

為了驗證這個結論的準確性，耶魯大學的哈姆林和同事們專門進行了實驗。他們挑選出一組 6～10 個月大的嬰兒，並分別向他們演示一個擬人化的「木偶表演」，即用 3 個不同形狀的木塊扮演 3 個角色：試圖登上一座山的「攀登者」、代表「好人」的「幫助者」以及代表「壞人」的「阻礙者」。「幫助者」協助「攀登者」爬上山，而「阻礙者」則將「攀登者」推下山。

隨後，研究人員將代表「幫助者」和「阻礙者」的木塊放在一起讓兩組嬰兒挑選，在 16 名 10 個月大的寶寶中有 14 個更喜歡「幫助者」，12 名 6 個月大的寶寶選擇的全是「好人」。這表示嬰兒們對「樂於助人」的「幫助者」更有好感。這顯然不是大人們教給孩子的能力。哈姆林同時指出：決定與誰合作共事是人類和其他社會性動物的一個重要能力，這個能力極有可能是「與生俱來」的。

除了實驗研究，在日常生活中也會發現，許多嬰兒都更願意相信長得好看的人，或者說長得像「好人」的人──他們也可能本能地認為，長得好看的人更可靠。在嬰兒的眼中，媽媽都是最漂亮的，所以他們喜歡長得好看的人，也許是因為他們的某個特徵像媽媽，這點和吸引力定律中的「相似性吸引律」道理很相近。關於嬰兒對「好人」與「壞人」的判斷，這大概是因為 1 歲以下的嬰兒雖然已經有了自己的思想，但是還不明白外面世界的複雜，所以用他們的赤誠之心來看，只有和他們一樣

在臉上也表現出「無欲無求」的人，才最能夠讓他們感覺到安全，才屬於「好人」的範疇，這種驚人的感受力也只有嬰兒能做到了。

每一個小嬰兒都是一個天使，讓我們也看到自己身上的不足。所以，面對寶寶的拒絕，我們也許是時候檢視自己了。

第九節　探索世界的方式

隨著小寶寶日漸長大，他們也開始用自己的方式來探索這個未知的世界。你的寶寶淘氣嗎？是否會做出一些出乎意料的事情呢？別急，這些都是寶寶在發展自己的探索能力。

大多數小寶寶成長到 8 個月時就會自己坐、爬，並試著站立，可能還會靠著牆壁或沙發邊緣移動步伐。這時他們的手腳已經比較協調，並且初步學會使用自己的手指，比如寶寶會用拇指和食指夾起一樣小東西。千萬不要小看了這個行為，正是這個小小的開始，成功地刺激了寶寶們嘗試的勇氣以及對周邊事物的興趣，當然，他們也可能會受到傷害。

寶寶們由於學會移動並且有了自己的判斷，在心智和溝通方面都取得很大的進步，這些都激發了孩子探索整個世界的欲望。嬰兒們的「世界觀」也是這樣一步步建立起來的。他們用自

Part 1　新生兒期（0～1歲）—人生的第一個敏感期

己的手、嘴巴和眼睛一點一點把自己融入周圍的環境，收集所接觸的每一個片段，慢慢組合成心中的大世界。

對寶寶幫助最大的首先是眼睛。眼睛看東西時，會幫助他們學到許多，比如明亮的顏色可以帶來一種愉悅感，床頭的搖鈴可以發出悅耳的聲音等等。所以為了讓寶寶更好地了解他所生活的環境，媽媽們也可以為寶寶專門創設一個視覺環境。如在嬰兒床上吊一些可以動的玩具，當然要注意保持安全的距離；可在牆壁上掛幅顏色鮮明的圖畫，這些都會刺激寶寶視覺發展的能力。但為了不影響寶寶的睡眠，在臥室就不要貼太多這樣的圖片了。

寶寶的眼睛除了用來觀察周圍的世界，也在觀察著媽媽對於自己各種行為和要求的反應。媽媽與嬰兒的互動是寶寶探索世界──主要是他人的心理世界的另一種方式。對於媽媽來說，需要時刻了解寶寶的意向。在寶寶傷心的時候，撫慰他；在寶寶歡鬧的時候，和他玩遊戲；在寶寶需要與人交流的時候，給他回應；在寶寶淘氣時，抱他起來，給他關心。這些都是寶寶和媽媽之間的親子之樂，也是寶寶了解不同情感的最佳方式。

寶寶對於聲音非常敏感，他知道哪些聲音是母親發出的，哪些不是，因而會對母親的聲音表示出與其他聲音不同的反應。其實，早在出生1個月左右，有的寶寶就已經知道這些──寶寶此項能力發展得早和晚與他們自身的經驗和天生的氣質有關。對於小一點的寶寶來說，聲音是他們分辨熟人和陌生人的一個

重要依據。同時，他們也可以分辨不同的聲音，知道爸爸和媽媽不是同一個人。

寶寶會對自己不喜歡的事情表示出抗議。兩個月的寶寶不喜歡別人將他們當作玩具，一會兒抱起來一會兒放下去，也不喜歡一個人在屋子裡待著，對於這些情況，他們會用哭聲來表示抗議。不過這些抗議隨著年齡的增長會逐漸減少，但是在1歲以內表現依然很明顯。寶寶會對父母將自己交由他人發出抗議，同時也會對自己喜歡的人報以微笑。這是一種社交性的微笑，也是寶寶嘗試社交性情感的開始。

無論是成年人還是嬰兒，或多或少都會受到周圍事物的影響。對周圍事物進行不間斷的嘗試性探索，是我們學習的方式之一。正如媽媽會對寶寶報有期待一樣──比如在餵奶時，會期待寶寶張開嘴，寶寶們也會透過一些行為來試探媽媽的反應，這一回應，是寶寶接受外來影響的一個重要因素，並且寶寶會傾向於朝媽媽期待的方向進行。當嬰兒進行一定的嘗試之後，就會知道怎樣做才能讓爸爸媽媽來陪自己，做什麼樣的事情會讓媽媽生氣或高興。他們已經開始學著用自己的思維去解決問題，並且為成功解決問題而感到滿足和高興。

所以，對寶寶的「故意」試探行為做出回應是非常有必要的，尤其是針對寶寶的「淘氣」行為。民間有一種說法：淘氣的孩子更聰明。的確，淘氣孩子的思維意識發展是比較早的，「淘氣」在更多的時候是他們試探大人們態度的方式。這時媽媽們千

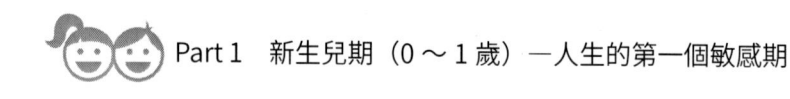

Part 1　新生兒期（0～1歲）－人生的第一個敏感期

萬不能以寶寶小，什麼都不懂為由，對寶寶的任何行為都不加斥責，這對於寶寶今後的規則意識以及社交能力都很有影響。媽媽們應該儘早讓嬰兒懂得他們做什麼會讓媽媽高興，做什麼會讓媽媽不高興。我們不用擔心嬰兒看不懂大人的臉色，其實對於母親的感情變化，嬰兒從 9 個月開始就可以感知到了。

有些時候，嬰兒們淘氣純粹是為了試驗自己的本領。嬰兒在能自由活動手腳後，為了試驗自己的本領，「什麼都想做」的行為中難免有一些讓大人感覺很淘氣。比如有些嬰兒會將正在吃的麵包扔在地上，他也許只是想「嘗試」麵包扔在地上會有什麼樣的變化，並沒有考慮到別人高興與否。

那麼，為了讓嬰兒明白有些行為是不可以做的，我們應該做出明確的感情表示。比如在嬰兒第一次扔麵包時，可以對他稍稍繃著臉說「這是吃的，不能扔到地上」，發現他第二次還想扔時，可先說「吃的東西是放在嘴裡的」，以示制止。這樣一來，嬰兒就會覺察到這樣做媽媽是不允許的。在嬰兒停止了扔麵包的行為時，媽媽可以及時給予一個鼓勵，這樣他們就可以從媽媽的態度上判斷出自己行為的好壞了。如果媽媽沒有制止的語言和動作，他們會覺得媽媽是不會對自己發脾氣的，自己的行為也沒有錯，以後就會利用媽媽的寵愛為所欲為，即使後來媽媽開始斥責他們，他們也不會在意，或許還會把它當作一種表演。

由於探索精神是寶寶認識世界和主動學習的一種動力，對

第九節　探索世界的方式

寶寶以後各方面的潛能發展都很重要,再加上嬰兒期是寶寶探索能力發展最為重要的一個時期,因此父母本身的態度和提供的條件很重要。對此,建議父母從以下幾點來關注和培養寶寶的探索精神:

◆ 關注寶寶的探索過程而不是結果

現在的父母都很重視對寶寶的早期教育,但很多父母把早期教育片面地理解為寶寶獲得了多少知識,而不關注寶寶與生俱來的對環境的熱情和能力。單方面強調寶寶對知識的接收程度,把寶寶當成了接受知識的容器,而對寶寶自發的探索精神和探索行為並不在意,甚至橫加阻攔,這種做法是十分錯誤的,保護寶寶的探索精神比教給寶寶具體的知識更重要。

◆ 尊重寶寶在遊戲中學習的認知方式

撕紙、扔東西、噴口水、吐泡泡等一些看似淘氣的行為,都是寶寶的探索和學習的一種方式。愛因斯坦曾說過:「想像力比知識更重要,嚴格地說,想像力是科學研究的實在因素。」因此,父母應該尊重寶寶的奇思妙想,尊重寶寶與眾不同的學習方式。

◆ 為寶寶多提供富於變化的遊戲材料

寶寶都喜歡玩水、玩沙、玩泥,因為它們富於變化,沒有固定的形狀,最符合寶寶的好奇心和探究欲。愛乾淨的媽媽不

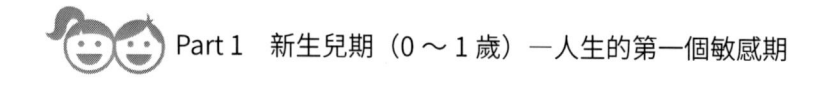

Part 1　新生兒期（0～1歲）—人生的第一個敏感期

要因為怕這些材料弄髒寶寶，就不讓他們玩，可以在確保衛生的前提下，讓他們盡情地玩，透過這種玩耍，寶寶會獲得意想不到的快樂和知識。

◆ 為寶寶的探索行為提供心理支持

不能要求寶寶按照父母的思維方式思考問題；給寶寶充分的時間獨立探索，不要打斷他；不要急著回答寶寶的問題，讓他自己多想一會兒；為寶寶解決問題可提供充分的材料等。

如果你能為寶寶做到以上這些內容，你的孩子一定會成長得更加快樂。尊重孩子，就是尊重孩子眼中的世界，讓他們用自己的方式去探索這個世界，去完善自己的認知。畢竟，每一個生命都是獨立的，誰也代替不了誰。

本章小結

在每一個生命誕生的第一年裡，做父母的都是感動而又忙碌的。我們既要一邊適應為人父母的角色轉化，又要一邊學著怎麼帶孩子，有些時候，還要因為工作分出更多的精力。對於很多新手爸爸媽媽來說，這一年雖然是疲憊而又忙亂的，但是看著自己締造出來的小生命，內心又會覺得感動和充實。然而，感動歸感動，忙碌歸忙碌，我們還是要盡快學著如何去適應，適應孩子每一天的變化，適應孩子的每一個成長週期和心理變化，因為孩子的成長是

第九節　探索世界的方式

不會等待的,他們甚至都等不及我們成為合格的爸爸媽媽就已經長大了。在他們長大後,我們可以抱怨孩子不聽話,也可以覺得孩子不懂事,但是我們是不是也該想到,在孩子的成長環境裡,我們自身也有著不可推卸的責任 —— 人的許多好習慣和情感的建立,都是在人出生的第一年裡奠定的。不要用任何理由來解釋為什麼我們錯過了孩子成長的第一個關鍵期。

Part 1　新生兒期（0～1歲）─人生的第一個敏感期

Part 2　嬰幼兒期（1～3歲）
── 我要自己來

　　當寶寶第一次嘗試著用雙腿站立時，他們驚訝地發現，原來自己還可以這樣看世界，於是小心翼翼地邁出了人生的第一步，開始獨立探索這個世界。隨著視野的日漸擴大，寶寶的小腦袋也不像之前那麼簡單，他們開始學會說「不」，學會拒絕，有了掌控自己的願望。「我要自己來」，不僅是1～3歲寶寶最基本的心理需求，也是他們人生另一個階段的開始。

Part 2　嬰幼兒期（1～3歲）—我要自己來

第一節　不走尋常路的寶寶

　　寶寶每個動作的發展對於他們而言都意義重大，尤其是走路。學習走路是寶寶 1 歲半以前身心發育的一項重要指標，大多數寶寶也是在這個時期學會獨立行走的。

　　我們都知道，對於初到這個世界上的寶寶來說，任何事情都可以引起他們的興趣，除了眼前的景物，也包括他們對自己身體的探索，或者更準確地說，這兩者也可以結合起來。寶寶在探索自己身體的同時，會發現身體能力也在伴隨視野的拓寬而擴展，並且發現許多之前不曾看到的東西。比如「抬頭」，頭抬起來後寶寶們的視野會從眼前擴展到更遠的地方，為了探索到更遠地方的東西，他們還會學著往前移動，從而學會了「爬」；當寶寶的四肢足夠發達，腿部力量增加後，他們會嘗試著站立，這樣視野不僅變遠，而且變得更寬闊，更令他們驚奇的是，原來腿和腳還有這麼多的功能呢！

　　寶寶在學步期，大人們可能會覺得很累，因為寶寶的新發現讓他們突然就愛上了「自己走」這一遊戲。不管自己能不能走，也不管有什麼危險──這個時期的寶寶由於很少受到傷害，所以還沒有危險的概念。不管前面是上坡還是下坡，是樓梯還是平路，哪怕是個小水坑，他們也要跳進去嘗試，但是最普通的平路可能卻最不愛走。這些「不走尋常路」的寶寶們精力非常旺盛，

第一節　不走尋常路的寶寶

初嘗走路滋味的他們會一遍遍地走，特別是對於他們有吸引力的地方，如小橋、樓梯、上下坡等。這時最累的就是看護孩子的大人們，他們不僅要小心看護著，還要隨時注意寶寶的安全。

「不走尋常路」還表現在寶寶要求走路的強烈願望上。雖然行走敏感期在寶寶七八個月時就已經出現，但那時的寶寶一般還沒有能力下地行走，所以比較聽從大人們的勸告，也肯讓抱著。但過了1歲之後，不管是已經學會走路的寶寶，還是尚沒有能力走穩的寶寶，都會對「自己走」表現出很強的意願。他們會甩開大人的手，即使甩開後自己可能會摔倒，不僅如此，他們還會對大人們的保護表現出反感，比如你想在後面護一下時，他們就會用哭來表示抗議。這時他們再也不是以前喜歡黏著媽媽要「抱抱」的小嬰兒了，不管是不是適合學習走路的地方，他們都會想嘗試一下。

對於這種情況，爸爸媽媽們一定不要有過多的擔心。就像我們欣慰地看到寶寶掌握了學習的能力一樣，也應該學會欣賞寶寶學習走路的過程，因為這是寶寶獨立性的開始。他們自己也會學著獨立做出許多有益的嘗試，比如在七八個月的時候，會拉著大人嘗試用腳慢慢移動，會喜歡父母拉著他們的雙手跳躍，對於寶寶來說，這些都是學習走路前的一種嘗試和準備。透過這樣的鍛鍊，他們心裡也會對自己做出一個大致的評價，知道自己什麼時候可以獨立走，在不能夠自己走的時候，需要爸爸媽媽做出哪些幫助。對於寶寶們來說，初次行走喚醒了他

Part 2　嬰幼兒期（1～3歲）—我要自己來

們腿腳的功能，也喚醒了寶寶心裡對腿腳的感受，這一個重要發現，他們會迫不及待、不厭其煩地一次一次嘗試。並且他們還會發現，越是不平整的地方，自己的腿腳做出的反應越強烈，給予他們大腦的刺激也最多。因此，他們自然更樂意走些「不平常」的路——既然是探索世界，越不平常的地方帶給寶寶的新奇感越多。

和常規意義上的「路」不同的一些其他地方，如樓梯、滑梯等也會引起寶寶們強烈的探索欲，這是因為1歲以後的孩子開始對空間有了一定的感知能力。不同於1歲以前寶寶們對空間「片」的感受，1歲後的寶寶由於觀察方式的不同，他們會發現空間是立體的，而且這裡還有許多形狀怪怪的東西，如斜坡，曲折的「路」——樓梯、溜滑梯等。這些都是寶寶們對空間探索的一種方式，他們會很樂意用自己剛剛發現的腿腳的新功能來進行嘗試。

寶寶逐漸學會走路，另外一個「麻煩」的問題也隨之產生。為了能夠讓寶寶在學步關鍵期內得到充分、良好的發展，大人們都在盡量地配合寶寶的節奏，少幫忙、少阻止，於是就會發現寶寶自己走到屋裡的每個角落、床頭櫃，把東西一件件拿下來，丟得滿地都是。如果寶寶能夠到書架，甚至會把書也一本本拿下來，將房間弄得一團糟。許多媽媽這時都會一邊跟在後面收拾，一邊抱怨寶寶的無理行為，這絕對是一個讓人既頭痛又惱火的問題。但是不妨想想寶寶學習走路的最初動力是什麼，不就是為了能夠更容易地去拿、去丟自己想碰的東西嗎？

第一節　不走尋常路的寶寶

這其實都是因為寶寶的好奇心和探索精神所致。這個時候爸爸媽媽們千萬不能抱怨孩子，這種抱怨會落在寶寶的眼裡和心裡，其自信心也容易受到打擊。正確的做法是用語言來鼓勵寶寶，保護孩子的好奇心。

學步期的孩子動作發展是否正常，直接關係著孩子的生理健康和日後的認知發展，嚴重者還會形成心理障礙，所以父母要對此有正確的認識，在必要的時候找好時機給予輔助，引導孩子心理和生理的健康成長。

寶寶學習走路是一個循序漸進的過程，中間可能還會遭遇曲折，但由於每一個嬰幼兒的發育都具有個體差異性，因此並不能一概而論。一般嬰兒動作的發展的基本順序是：頭、肩、手臂、腰、腿、腳，大概七八個月的時候嬰兒可以坐起來，一旦能坐起來便開始爬行。但也有的嬰兒跳過爬行直接能扶著東西站起來，從發育過程看，爬行並不是站立行走的前一個階段。大多數嬰幼兒在 9～12 個月開始邁出人生的第一步，1 歲後基本能單獨行走。但也有些嬰幼兒直到一歲三四個月才學會單獨行走，這些都很正常。不過如果到 1 歲半時還不能單獨行走，就需要帶孩子去檢查，以確定原因。

寶寶學會行走後，視野擴大也為寶寶提供了更多、更豐富的感官刺激，直接影響寶寶大腦的進一步發育。但是由於寶寶的身體平衡能力還沒有完全發育好，還需要進一步的鍛鍊，所以一些磕磕碰碰在所難免。作為父母能做的就是一邊學會放

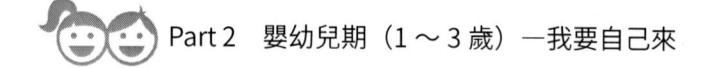

Part 2　嬰幼兒期（1～3歲）─我要自己來

手，一邊盡可能提供安全的練習環境。比如家庭作為孩子練習走路的一個主要場所，需要在所有有可能對寶寶造成傷害的地方都加以防護，像桌角等有尖角的地方、門扶手、窗戶、電源插座等，這些能避免的盡量避免，為寶寶提供足夠安全的練習空間，不可避免的可以透過加裝一定的安全防護物，來盡量減少對寶寶造成的傷害。

　　好的裝備也可以讓寶寶心無旁鶩地學習走路。在寶寶練習走路的時候，父母要注意給寶寶穿上合適的衣服，不要過大也不要過小，過大容易遮擋寶寶的視線，也可能會絆倒寶寶，過小則會帶給寶寶束縛感，影響舒適度；選擇的鞋子要稍大一點，鞋底適當軟一些，這樣可以讓寶寶充分感受地面；穿上合適的紙尿褲，避免因為一些意外情況，如大小便給寶寶帶來尷尬，紙尿褲最好有褲襠設計，讓寶寶感覺舒服、乾爽，彈力要大，給寶寶足夠的活動空間。

　　最後，還要給寶寶提供全面的營養，尤其是要多補充富含鈣質和蛋白質的食物，還要多晒太陽促進骨骼的發育。只有身體健康，寶寶才更有活力。

　　俗話說：「從哪裡跌倒就在哪裡爬起來！」這句話對於學步期的寶寶來講同樣適用。身為父母，我們不能因為害怕孩子跌倒，就去限制孩子的自由。孩子只有經歷了「跌倒」之後，才能夠感受到「爬起來」的意義，這又何嘗不是另外一種探索呢？因此，讓寶寶們自由地「不走尋常路」吧，快樂才是最重要的。

第二節　自己為自己代言

寶寶們在還未學會說話時，會經常遇到這樣的情形：不管他們是否願意，媽媽都會在客人要離開的時候揮動寶寶的小手臂說「××再見」。雖然他們可能心裡也會想到送別，但是「有口不能說」，也只有讓媽媽代勞了。但是1歲過後，這種情形會被徹底改變，他們開始學會「自己為自己代言」。

寶寶開口說話，不管是對於寶寶自己還是父母來說，都是一件值得高興的事情。當寶寶開始咿啞學語，第一次含糊地發出「爸爸」或者「媽媽」的聲音時，很多父母都會變得異常激動。當寶寶發出的聲音被大人所理解時，他們也會產生一種成就感，這種成就感會促使他們在以後的時間裡更加喜歡用聲音來表達自己。但是也有一些父母會因為寶寶過了1歲卻還沒有像其他同齡寶寶一樣開口說話，而心裡著急，心生失望。他們甚至悲觀地認為，難道自己的寶寶不聰明嗎？

在孩子學習開口說話，表達自己的這段時期內，父母的態度至關重要，因此很有必要澄清一個問題：寶寶開口說話早晚與智力並沒有直接的關係。從嬰幼兒心理發展的特點來看，1歲以後的寶寶正處在語言發展的敏感期，寶寶具有吸收性心智，無論什麼資訊都會無意識地吸收並且表達或模仿出來，就像我們平時聽到的咿咿啞啞，或者是嗚裡哇啦的含糊語句，這

Part 2　嬰幼兒期（1～3歲）－我要自己來

些都是他們在模仿自己聽到的聲音，也包括語言。在這種吸收力裡，外界刺激起到的作用是最大的，它們可以幫助寶寶發展其語言表達能力。很多時候，寶寶在接受了這樣那樣的刺激之後，雖然嘴上沒有表達出來，但是心裡已經在暗自模仿。所以對於寶寶說話的早晚問題，父母與其擔心，不如靜下心來學習一下兒童語言發展的規律，耐心地引導孩子。

嬰幼兒在3歲以前的語言發展，可以大致分為前語言期和語言期。前語言期指的是嬰兒在出生到1歲之前，如果父母仔細回想或者記錄的話，會發現這個時期的嬰兒對聲音是非常敏感的，表現在不同的哭聲方面，或者在對聲音的不同反應上。比如孩子餓時，媽媽說：「哦，寶寶餓了！媽媽知道了，媽媽準備一下就來餵你。」第一次時，寶寶可能反應還不是很明確，但是每一次都說同樣的話，孩子再次聽到時，就會安靜下來，學會等待。這就是寶寶最初對於語言的反應。慢慢地，孩子學會了用聲音來回應，並且會在大人模仿自己聲音時獲得肯定，從而激發他們對語言的興趣。甚至在更大一點的時候，他們開始嘗試著發出「媽媽」的音節，這雖然是「蒙」的，但是如果能夠「蒙」對，孩子對自己發音的能力就會更加肯定，以後也會製造出更多不同的聲音。

1～3歲的語言期，是嬰幼兒語言發展的爆發期。進入1歲之後，會突然發現孩子的語言發展能力有了迅速的提高，似乎是在不經意間他們就學會了很多的詞語，並且學會了用同一

個字或詞語來表達許多不同的情況,或用不同的字表示相同的意思。比如孩子說:「媽媽,走。」其中有「媽媽,離開這裡」、「媽媽回家」或「媽媽,去散步」等不同的意思。對於同樣的話,媽媽有時候需要適當進行「解碼」,比如孩子說:「媽媽,我要吃……」其實孩子想表達的意思是:「媽媽,我要吃麵包。」這時媽媽可以完整地回應:「琪琪要吃麵包。」如此以後,孩子就會很清楚地說:「琪琪要吃麵包。」這種完整語句的補充,不僅有利於孩子學習,同時也教會了孩子表達的完整性。需要注意的是,在寶寶學習語言的關鍵期裡,媽媽和寶寶說話的時候語速要適當放慢,並且可以蹲下來讓孩子看到媽媽說話時的嘴型,這對早期嬰幼兒語言的發展非常重要。

嬰幼兒在語言發展的某個階段會變得非常好奇,這不僅是語言發展的規律,也是嬰幼兒的好奇心本身的作用。對於 1 歲半到 2 歲的幼兒來說,他們已經有了名稱的概念。比如「太陽」、「月亮」,他們會表現出對任何自己不知名的事物的好奇,常常會指著周遭的事物問「這是什麼」。在幼兒的世界裡,沒有所謂的難易之分,雖然有些名詞在發音或字數上會讓成人覺得較難,但只要幼兒感興趣,爸爸媽媽只要多重複幾次,他們就會記在腦海中,待到他們的發音器官成熟後,這些詞語就會像連珠炮一樣蹦出來,讓寶寶們說個不停。

相較於 2 歲前的簡單發音,2 歲以後的孩子才真正進入語言的「爆發期」。他們不但學會了自言自語,同時還會像鸚鵡學舌

Part 2　嬰幼兒期（1～3歲）—我要自己來

一樣學習成年人說話。無論從語氣還是神態都會模仿得有板有眼，但他們並不知道什麼是「好話」，什麼是「壞話」，只知道照單全收，搞得大人們哭笑不得，有時還會尷尬無比。比如無意中聽到大人們說了句「煩死了」，他們就會逢人就說「煩死了」。其實，他們並不懂得其中的含義，只是簡單地模仿而已，但是如果家長不加注意，孩子也有可能染上不禮貌的說話習慣。所以作為父母，應該盡量在孩子面前說一些優雅的語言，讓孩子模仿出的詞句也是優雅的。

　　語言的爆發期還表現在孩子對於說話永遠不會感到疲倦。一方面是因為他們感受到了語言的樂趣，另一方面是因為內心的一種孤獨感。很多孩子缺乏玩伴，再加上有些父母工作比較繁忙，很少抽出時間陪孩子，因此孩子在有父母陪伴時，總會一睜眼就喋喋不休地說個不停，大人想不陪著他們都難。

　　總之，孩子從模仿說話到完整的表達，主要是自身生理和心理發展的完善，但其中也離不開父母的正確引導。在引導孩子培養良好的語言習慣時，父母需要避開以下失誤：

◆ **第一，在寶寶還不會說話之前，
認為反正他們也聽不懂，所以不需要多說話**

　　其實不然，嬰兒在剛出生時，確實聽不懂成人的話，但是他們的學習能力很強，當媽媽總是朝他微笑著說：「寶寶，我是媽媽。」時間一長，這種語言資訊就儲存在腦子裡。隨著他們的

智力發育,再經過幾十次的語言重複,他們慢慢就會明白,原來總抱著我的人就是媽媽。到了 1 歲左右的時候,他們可能會叫「爸爸,媽媽」了;當有人說:「寶寶,你的球呢?」他們會轉身去找,說明他們已經聽懂大人在說什麼了。所以,不會說並不意味著不用說,寶寶在學會說話前的語言準備期也是很重要的。

◆ 第二,用寶寶的兒語和寶寶進行交談

　　1 歲左右的寶寶,語言處於單字句階段,他們經常發出一些重疊的音,如「抱抱」、「飯飯」、「打打」,結合身體動作、表情來表達自己的願望。如說抱抱時,就張開雙臂面向媽媽,表示要媽媽抱。到了 1 歲半左右,孩子能用兩三個片語合在一起表達意思,就進入了多詞句時期。如「吃飯飯」、「媽媽抱」。快到 2 歲時,開始出現簡單句,並能準確地表達自己的意思,如說出「媽媽抱寶寶」、「寶寶吃飯飯」等。在這幾個發展階段中,孩子用熟悉的兒語是因為其語言發展限制了他們準確表達自己的意思。如果家長因為這樣有趣或者是認為寶寶可以聽懂,就用同樣的語言和孩子進行交流,很有可能拖延了他們正常說話的能力。因此引導孩子正確說話時,應該讓孩子處於充滿成人溝通的語言環境中,並賦予生活中每一件例行的事與使用物品的正確語言,且不厭其煩地說給孩子聽。

◆ 第三，重複寶寶不正確的語言發音

對於剛學會說話的寶寶，他們基本上能用語言表達自己的願望和要求，但是還存在著發音不準的現象，如把「吃」說成「七」，把「獅子」說成「希幾」，把「蘋果」說成「蘋朵」等等。這些現象產生的原因是孩子的發音器官發育還不夠完善，聽覺的分辨能力和發音器官的調節能力都較弱，還未能掌握某些詞語的正確發音方法。對於這種情況，父母不要學孩子的發音，而應當用正確的語言來糾正寶寶，時間一長，在正確語音的指導下，他們的發音就會逐漸正確。

◆ 第四，寶寶成長的語言環境比較複雜

有些家庭中父母、爺爺奶奶、保母各有各的說話習慣，有人說中文、有人說英語、有人說臺語、有人說客家話等，語言環境複雜，這會使正處於模仿成人學習語言的小寶寶產生困惑，「這個詞，到底應該怎麼說呢？」其結果直接導致寶寶說話晚。因此在6個月到2歲這個學習語言的關鍵期，家人應盡量統一語言，著重教孩子正確的語言發音。

或許你會覺得很煩，但是處於語言敏感期的孩子，卻會因此而受益良多——有什麼能比自己為自己代言更開心呢？為了讓孩子擁有良好的語言能力，父母付出一點愛心和耐心也是值得的。

第三節　2歲寶寶愛說「不」

2歲的孩子開始喜歡對爸爸媽媽說「不」。不管是遇到任何事情，似乎總會不假思索地說出「不」字，有時還會故意做出一些大人禁止做的事情，越不讓他們做他們就越是要做，而且想要做什麼就一定得做，有時候還會做出一些「別出心裁」的事情，這些都讓父母們頭痛不已。寶寶的這一現象和行為，並不是簡單的「任性」，而是因為「反抗期」到了。

伴隨著嬰幼兒語言能力的發展，寶寶們的情緒感知能力也在提高，他們知道了什麼是自己想做的和不想做的。想做的爸爸媽媽們會覺得危險或者不合適而禁止；不想做的、厭煩的卻總是被強迫去做，這會令寶寶的心裡非常不舒服，會覺得自己的意願沒有被尊重，並由此產生強烈的反抗心理，對「獨立」也特別渴望。不管父母的建議是好還是壞，但只要不是他自己想出的，都會覺得「不好」。加上這時的寶寶已經懂得了「不」的含義，所以他們就開始頻繁地使用「不」來表達自己內心的意願。伴隨著行為的反抗和異常，他們的情緒也變得很極端。一會兒高高興興，活潑可愛，一會兒暴躁不安，亂發脾氣。面對孩子陰晴不定的表現，家長的情緒也會變得煩躁不安。

這種情形的發生常常是不可預料的。有時候是突然間就開始了，一旦寶寶發現爸爸媽媽明白了他的反抗方式之後，就越

Part 2　嬰幼兒期（1～3 歲）─我要自己來

發「變本加厲」，不等爸爸媽媽適應，他們已經學會在任何對話和場合中使用這個詞語。但是這個階段也會戛然而止，就像開始出現時那樣快。但是在它結束前，我們還是需要盡快想辦法來應對。

孩子的「反抗性」事實上是想鬧獨立。2 歲的孩子正在從嬰兒期向兒童期過渡，身心正在快速地發展。他們逐漸發現自己已經能來去自如地走動，再也用不著依靠大人把他們抱到要去的地方。而且自己能用說話的方式表達想法。由於這些能力的誕生和成長，使孩子迅速地樹立了自信。他們盼望快快長大，想急於向別人表現「我能行，我長大了」。這個時候，孩子不再把自己當成是大人的附屬物，會認為自己是獨立於爸爸媽媽的個體，而且把爸爸媽媽兩個人也看作是兩個獨立的個體。因此，他們會認為完全沒有必要按照大人的想法去做事，開始拒絕別人提供幫助，即使真的需要幫助，也會對大人的幫助不屑一顧。

孩子一旦露出了獨立的苗頭，有了自己的意願，那麼他們很可能就和大人的意願出現分歧。這在家長看來，就是在作對。不過孩子雖然在行為上表現如此，但是內心仍然需要父母的情感支持和鼓勵──父母需要告訴他「你做得很棒」，他才能真正地充滿自信，並有了成功的喜悅。而且 2 歲孩子的智力和體力確實還很不成熟，很多事情沒有父母的幫助是不可能完成的。所以，孩子一方面需要實現自己的願望，另一方面也需

第三節　2歲寶寶愛說「不」

要父母的幫助,他們事實上處於追求獨立和祈求愛與幫助的矛盾中。

因此,針對孩子的這種情感需求,父母必須同時滿足孩子獨立的需求和愛與保護的需求。

一方面,給孩子獨立和冒險的機會,遇到問題時在後面幫他一把。當孩子要求獨立做某件事時,家長可以首先判斷一下他們在多大程度上能完成這件事,可能會遇到什麼問題。然後,在沒有危險的前提下,放手讓孩子自己去做,同時做好各種準備,避免問題的出現或及時給予提醒、示範。

例如:很多2歲的孩子要求自己吃飯。但是對於他們來說,手部的精細動作還沒有發展得很好,平衡能力也比較欠缺,因此看似簡單的舀飯 —— 送到嘴裡 —— 吃下去,這幾個動作雖然有可能完成,但會出現很多狀況:很可能吃得很慢,也可能會打破碗,或灑得到處都是,這也是許多傳統家長拒絕讓孩子自己吃飯的原因。其實這樣做不僅孩子不願意,而且對於孩子手部精細動作的發展也是無益的。正確的做法是放手讓孩子自己吃,並且在他們吃飯的過程中,隨時給予一些提醒和鼓勵:「寶寶吃得真好,湯匙可以拿低一點,就可以舀滿滿一勺的飯,而且不會灑出來,你看,就像媽媽這樣。」做示範的時候不要拿走孩子手裡的碗和湯匙,可以另外拿一個來示範。為防止孩子摔了碗、灑了飯,媽媽也可以提醒孩子吃飯的時候離飯桌近一點,用兒童餐具替他們盛飯,每次盛的量不要太多以免灑出

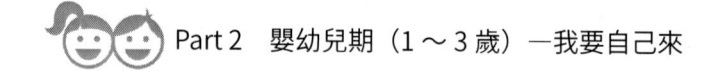

Part 2　嬰幼兒期（1～3歲）—我要自己來

來，這樣更有助於培養孩子的自信。

另一方面，當孩子的安全遭到威脅時，媽媽必須自作主張。當他們正準備做一件危險的事情，媽媽必須果斷地制止，然後用替代性活動來滿足孩子的獨立需求。例如：媽媽剛倒好一玻璃杯的熱水，孩子走上來想端這杯水的時候。媽媽需要立即強行制止他，把水拿開，並告訴他：「水很燙，會把手燙傷很痛。」再換一個塑膠杯子，裝半杯冷開水，讓孩子端著來滿足他的願望。

為了減少寶寶的反抗情緒，我們還可以為寶寶提供選擇。寶寶在這個階段可能會相當固執，父母也會因此很煩，有時甚至產生強迫性的想法，這時提供有限的選擇是避免與孩子發生衝突的最佳方法。比如「你今天想穿白鞋子還是紅鞋子？」「你想喝果汁還是牛奶？」「好，該做出選擇了！你是想收拾積木還是毛絨玩具？」……值得注意的是，選擇只需要提供兩種就夠了。這一技巧適用於做任何事情，從穿衣到解決孩子與小朋友之間的爭吵等等。不過，有時候孩子也會猶豫或者是消極面對選擇，這時不妨給他們加一個時間限制，比如從 1 數到 10，這是一種強迫寶寶集中注意力的方法。但是這種方法不能使用得過於頻繁，否則將會失去效力。

提供選擇的時候還要注意，這兩種選擇是大同小異的，提供選擇的目的是為了暗示寶寶只能選擇其中之一，這樣既尊重了寶寶的意願，同時也滿足了大人的要求。比如當你們到達目

第三節　2歲寶寶愛說「不」

的地想讓寶寶下車時，為了避免孩子直接拒絕，可以這樣說「你想現在下車，還是玩兩分鐘以後再下車？」無論選擇哪個，他都得下車。不過，如果他識破了你的小把戲，也可能會兩個都不選擇，這時候你也可以耐心地聽一下寶寶的要求，只要合理可行也是可以的。不管怎麼說，父母都需要尊重孩子的意願，給他們留下選擇的餘地。

另外，為了減少寶寶說「不」的次數，父母也要少說「不」，用自身的行為和回答來告訴寶寶，除了「不」還有多種表達方式。孩子的很多行為其實都是在模仿大人，許多孩子喜歡說「不」，也是因為總聽到別人對他說「不」。這樣無形中強調了「不」在他們心目中的印象和表達效果。因此，可以回答「是」、「可以」、「我想」等來替代「不」。即便是真的拒絕寶寶時，也可以巧妙地用轉移注意力的方式來委婉地說「不」。比如當孩子想在樓梯上玩時，可以說「在樓梯上玩是不錯，不過我有一個更好的主意，我們一起玩積木怎麼樣？」──對於嬰幼兒來說，他們的注意力往往是不集中的，很容易被其他一些同樣有趣的事物所吸引，所以「玩積木」也會是個不錯的選擇。

然而，有時候儘管你使盡渾身解數去避免衝突或轉移寶寶的注意力，但最後還是和寶寶發生了爭執。比如當孩子的意志與現實情況產生嚴重衝突時，遇到危及安全的問題時，面對這些情況，無論寶寶如何吵鬧都要保持立場堅定，甚至可以動用家長的權威，比如說：「我是媽媽，現在必須要聽我的。」雖然

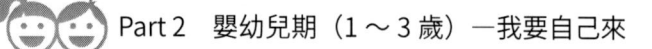

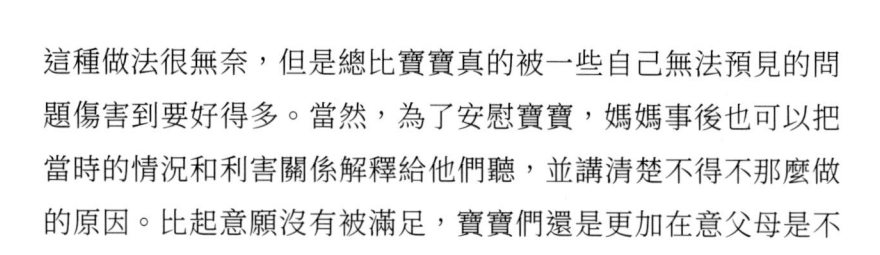

Part 2　嬰幼兒期（1～3歲）—我要自己來

這種做法很無奈，但是總比寶寶真的被一些自己無法預見的問題傷害到要好得多。當然，為了安慰寶寶，媽媽事後也可以把當時的情況和利害關係解釋給他們聽，並講清楚不得不那麼做的原因。比起意願沒有被滿足，寶寶們還是更加在意父母是不是愛他們。

記住，每個人都是獨立的，雖然寶寶們還很小，但這不是我們把自己的意願強加在他們身上的理由，除了一些不得已的情況，任何時候都不要以愛之名強迫孩子做自己不喜歡的事情。那樣只會讓孩子的牴觸情緒愈演愈烈，得不償失。

第四節　保護孩子的好奇心

2歲多的寶寶，問題變得越來越多：「天上的星星為什麼發亮？」「小鳥為什麼會飛？」「我為什麼沒有長翅膀？」「晚上為什麼會看不見太陽？」「星星為什麼會一閃一閃的？」……簡直是「十萬個為什麼」，問得媽媽都要招架不住了。同時媽媽們還會發現，寶寶的破壞能力也變得越來越強，他們會把剛買的小汽車拆開，也會在大人們忙碌的時候「幫倒忙」，如果遭到喝斥還會變得不開心、哭鬧，為什麼寶寶突然間變得這麼黏人了呢？

第四節　保護孩子的好奇心

兩三歲的年紀，被稱作是「狗都嫌」的年齡，這個階段的寶寶隨著視野和活動能力的增大，也會慢慢覺察到世界並不像他們想像的那麼簡單。這時的他們已經不滿足於對世界進行表面化的觀察，而是想挖掘更深層次的內容，所以選擇的探索方式也總是與眾不同，他們可能會提問題，也可能會透過自己動手實踐來了解事物，這些都是因為好奇心。寶寶有好奇心，是因為他們的求知欲、想像力、創造力和學習能力這時都已開始萌芽，探索世界的欲望和能力也在增強。試想，如果寶寶對什麼都無動於衷，周圍的任何變化都引不起他們的關注，那將多麼可怕。正是因為寶寶有了好奇心，他們的思維才能慢慢開啟。

對於寶寶的提問，有些媽媽可能會覺得是小孩子一時心血來潮的玩鬧想法，或者是想要人注意他的一種藉口，因此有興趣的時候就回答他們幾句，沒工夫的時候就隨便敷衍兩句，趕上心情不好的時候甚至會訓斥寶寶：「你怎麼那麼多問題啊？不知道不知道，去旁邊玩！」這樣做不僅會傷害寶寶的情感，同時也會扼殺他們的好奇心。

對於孩子來說，提問就像是抓在手裡的一把開啟未知世界的鑰匙，至於他們究竟能夠開啟多少扇門，媽媽對於寶寶提問時的態度很重要。如果媽媽不迴避、不逃避，耐心啟發、引導和鼓勵寶寶，那麼他們就會覺得這把鑰匙很好用，會更加積極主動地使用這把鑰匙，反之，就可能會丟掉它。

既然提問對寶寶來講是好事，那麼，媽媽就要盡可能地鼓

Part 2　嬰幼兒期（1～3歲）—我要自己來

勵他們。當寶寶提出問題的時候，媽媽應及時、耐心地幫助解答，解答後不妨再鼓勵幾句：「這個問題不錯，我家寶寶很有想法。」媽媽也可以主動發問：「寶寶，媽媽為什麼這麼愛你啊？」「海龜是因為傷心才流淚嗎？」「植物喝的水都到哪裡了？」不過媽媽提出問題的時候應考慮到寶寶的認知，不能提一些讓他們覺得為難的問題，最好是接觸過的，再次提出來，是為了讓他們有機會鞏固、整合學到的知識。

有的時候，寶寶也會反覆提出同一個問題，這說明媽媽的答案並沒有滿足他們所期許的。當寶寶再次提出的時候，你不妨反問寶寶「你認為呢」、「你覺得可以嗎」，這樣就能啟發他們把自己的想法說出來——很多時候，寶寶提出問題時心裡其實已經有了答案，他們也許只是為了驗證自己的答案。因此，媽媽的反問更能促進寶寶積極主動地思考和提高表達的能力。

當然，寶寶不可能每個問題問得都合適，有時候也會提出一些過於小兒化或者是相當偏離生活的問題，但是不管是什麼樣的問題，媽媽都要認真對待，因為對於寶寶來講，那或許是想了很久但是也沒有想明白的大問題。對於總是不能理解或者比較難的問題，媽媽不妨引導到一個寶寶容易理解的內容上。這樣，不僅可以繞開寶寶難纏的提問，還可以培養他的擴散性思考，重新引起他的好奇心。雖然在寶寶眼裡，媽媽是無所不知的，但事實上媽媽確實也有不懂的問題。當寶寶問到媽媽也不懂的問題時，媽媽與其不懂裝懂，給寶寶錯誤的認知引導，

第四節　保護孩子的好奇心

倒不如直接告訴寶寶：「這個問題媽媽也不懂，我們一起尋找答案吧。」帶著寶寶一起尋找答案的過程，其實也是在向他們傳達一種求實好學的精神，更是在教他們另一種可以受益終身的學習方法。

寶寶的好奇心除了展現在愛問「為什麼」方面，還展現在許多日常生活中的小事上，比如喜歡拆卸玩具，什麼都喜歡摸摸，甚至放到嘴巴裡嘗嘗，在媽媽忙碌的時候總是要去「幫忙」，結果卻「好心辦了壞事」。這些看似淘氣的行為，常常惹得大人很惱火，但這也是因為寶寶有好奇心，想要探索世界，對於父母來說，應該對其進行正確的引導，這將有助於孩子創造性潛能的培養。

寶寶喜歡把玩具拆開來，是因為他們想了解玩具為什麼會自己動起來。因為對玩具有好奇心，想知道自己不知道的事情，這是寶寶邁開了探索未知世界的腳步。所以大人們與其擔心寶寶毀壞東西，不如教給他們這些東西的使用方法。爸爸媽媽可以和寶寶一起玩玩具，並且在玩的過程中，告訴他們這些東西為什麼會自己動起來，必要的時候可以和他們一起拆開玩具來研究一下它的內部構造。如果大人在這個時候責備，甚至打罵寶寶，都會讓他們剛剛萌生的好奇心受到打擊，阻止了他們探索未知世界的進取心，對他們將來的創造能力會產生很大的影響。

寶寶還喜歡從模仿中來滿足自己的好奇心。寶寶學習和模

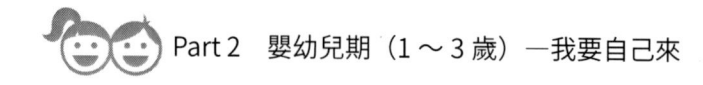

Part 2　嬰幼兒期（1～3歲）—我要自己來

仿的能力很強，當看到媽媽在廚房忙碌時，他們也想幫媽媽來做一些事情。比如跟在媽媽的周圍打轉，不是摸摸這裡，就是看看那裡。看媽媽在擇菜，也會有模有樣地拿起菜來。這時如果媽媽認為寶寶是在搗亂，不讓他參與這些家事，會打擊他參加勞動的積極性。而且這種受阻或者是受挫，會讓他們以後做事情時也容易中途放棄。這樣的寶寶長大後雖然可能會很聽話、很順從，但是也會變得很沒有主見，遇到困難的事情會手足無措。其實當寶寶對媽媽在廚房忙碌的動作產生興趣時，媽媽大可以安排寶寶做些力所能及的事情，如讓他洗小黃瓜、番茄等，幫媽媽拿調料等。在這一過程中，寶寶不僅可以了解一些蔬菜的特性，還學會了觀察食物生熟前後的變化，使他們的好奇心得到了進一步的滿足。

　　寶寶的想法和做法有時候在成人看來可能很可笑，但千萬不要因此嘲笑寶寶。比如寶寶吃花生的時候可能會對「花生是怎麼來的」產生好奇，媽媽會告訴他「花生是花生豆在田裡長出來的」。隔幾天，就會看到寶寶拿著鏟子在地上挖了一個坑，把熟花生一粒一粒地種在土裡。在媽媽看來，或許這一行為很可笑，「熟花生怎麼能種呢？」但是寶寶並不懂。但這時媽媽可以找來兩個花盆，讓寶寶在兩個花盆裡分別種下炒熟的花生和生花生。等過一段時間，當一盆花生長出幼苗，另一盆沒有長出來時，再告訴寶寶事情的真相，他們就會明白了。因此，面對寶寶錯誤的探索和實踐方法時，媽媽一定要認真對待，千萬不

第四節　保護孩子的好奇心

要用成人的思維來告訴他們這樣做是錯誤的，而要透過引導讓他們明白什麼是正確的。

比起好奇心比較強烈的孩子，也許沒有好奇心的孩子更容易引起家長們的擔憂。常有父母擔心地問：「為什麼我的孩子不喜歡動腦筋，問什麼都說不知道呢？」除了好奇心的發展本身有早晚之分外，激發孩子的好奇心同樣也很重要。

爸爸媽媽在帶寶寶一起外出散步時，可以用親身示範的方式來引導孩子產生好奇心。可以和寶寶一起尋找一些奇怪的花草樹葉、石頭等，告訴寶寶它們的名字，形狀奇特的石頭還可以讓寶寶帶回家收藏；多表現出對一草一木、太陽、星星及其他事物的興趣和探索的願望；和寶寶一起看到的事物多進行提問，比如「為什麼風箏可以飛到天上去」，他或許不會直接回答，但是心裡已經埋下了好奇的種子。

我們還可以透過尊重孩子的興趣，從而來保護他們已經產生的好奇心。其實，他們能從那些能夠抓住自己注意力和想像力的東西中學到更多的東西。如果寶寶喜歡音樂，就常常放給他聽，和他一起玩樂器；如果寶寶對昆蟲感興趣，就陪他一起捉昆蟲、養昆蟲。

此外，創造有趣的環境也是激發寶寶好奇心的一種有效方式。對於他們來說，即便是牆上的一幅畫都能思索半天。所以爸爸媽媽可以透過提供有趣的環境、玩具來激勵寶寶的探索慾和好奇心，並且經常更新這些內容，以保持其新鮮感。

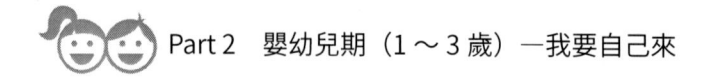

想想世界著名發明大王愛迪生的故事吧，也許今天被我們保護的好奇心，明天也會為世界帶來改變。最起碼，孩子未來的世界一定會因此而改變。

第五節 寶寶得了「厭食症」

都說寶寶的世界裡除了吃還是吃，不僅吃東西，任何他們覺得新奇的東西，都想要去嘗試，這些都讓媽媽們擔心不已。然而如果寶寶有一天變得不愛吃東西了，媽媽們可能會更擔心。因為吃飯不僅關係到營養的攝取，還關係到身體是否健康。

每一個媽媽都經歷過或者正經歷著寶寶不好好吃飯的情況，由於現在家庭普遍都是一家人圍著一個孩子在轉。即使是這樣，孩子還是不領情：到了吃飯的時候，任憑怎麼叫就是坐在電視機前不動，或者自顧自地玩著玩具；有時候吃兩口就開始跑，讓大人們滿屋子追著餵飯；有時候看著桌上的飯菜，挑三揀四，怎麼哄都不行 —— 除非拿出交換條件……這些情形讓大人們既心疼也頭疼，有些爸爸媽媽可能會覺得孩子是不是得了「厭食症」，慌忙帶著寶寶去醫院。事實上，這種經歷再尋常不過，他們並不是真得了「厭食症」，大多數情況，非病理性的原因要遠遠高於病理性的。

第五節　寶寶得了「厭食症」

俗話說「吃飯皇帝大」。到了吃飯的時候，大人們都會餓得不得了，更何況是小寶寶呢？但是，**寶寶真的有可能是不餓的**。對於家長來說，有時候可以檢視寶寶從上次用餐結束到這次用餐之間的進食情況。或許是因為現在的生活條件太好了，很多父母都有替寶寶做輔食的閒情逸致。從小孩幾個月可以吃輔食開始，他們就會專程為寶寶做各式各樣的輔食，到了1歲以後，隨著寶寶食慾的增加，輔食的種類更是變得豐富起來。許多孩子從早餐過後，半個小時就開始進食果汁、餅乾、牛奶等，直至午餐之前，寶寶們可能已經差不多飽了。從營養的角度來看，如果孩子們能夠從其他食物中獲得相同的熱量，那麼飯菜就可以被替代。

孩子在兩餐之間攝取了過多的零食是造成寶寶不餓的另一個原因。零食一方面會為嬰幼兒帶來飽腹感，讓他們不覺得餓；另一方面因為零食中過多的添加劑會刺激嬰幼兒的味蕾，讓他們覺得味道更好，這些都是導致孩子們不喜歡原汁原味的飯菜的原因。但最糟糕的是，零食可能熱量超標，卻沒什麼營養，而且添加劑過多，很容易引起寶寶身體不適，轉變為真正的「厭食」。

兩餐之間間隔過短也是造成寶寶不餓的一個原因。嬰幼兒還不能很好地形成自己的生理時鐘，他們大部分的作息規律跟爸爸媽媽一致。對於全職媽媽來說，早上睡到自然醒是一件十分幸福的事情，有時候因為寶寶半夜醒來多次，早上自然也會

Part 2　嬰幼兒期（1～3歲）—我要自己來

醒得晚一些，這樣早飯的時間就容易延後，到了正常吃中飯的時間，不光是寶寶，媽媽自己都不覺得有多餓。要知道，無論是運動量還是寶寶的胃腸道消化能力，都遠遠不如成年人。這樣的寶寶怎麼能好好地吃飯呢？

寶寶在嬰幼兒時期，注意力往往還不能夠集中，出於一種新鮮感和好奇心，他們很容易被其他有趣的東西所吸引，比如玩具、電視、遊戲等。當他們專注於自己喜歡的事情時，會很反感他人的打斷，哪怕是吃飯。由於這個時期的寶寶已經有了一定的獨立性和自己的主意，他們也會捍衛自己玩耍的權利，他們或許會覺得「為什麼你讓吃飯我就得吃飯，我說要玩怎麼就不行呢」，因此，在快要到吃飯時間時，不要提供過多分散注意力的玩具或遊戲給寶寶，這對於他們的用餐還是很有必要的。

寶寶不好好吃飯還有可能受到情緒的影響。作為成年人，「心情不好，吃不下去」似乎很平常，也很容易被理解。但是我們可能不會想到，寶寶也有心情不好、不想吃飯的時候。生活中的很多因素都可能會影響到寶寶的食慾，比如用餐前受到了責備或者是情緒不佳等情況。對此，爸爸媽媽可以耐心地和寶寶進行溝通和調節，解決了心理問題之後再勸寶寶用餐。

不愉快的用餐體驗也可以影響到寶寶的食慾。現在的食物種類雖然豐富，但是大部分的幼兒也會有挑食的現象，這些都很正常，誰沒有不喜歡的食物呢？嬰幼兒在產生挑食現象時，有些家長會採取一些強迫的，或者是連哄帶騙的方式讓他們把

第五節　寶寶得了「厭食症」

飯菜吃下去。這其實是不對的，雖然不同的蔬菜有不同的營養，但也不能為了孩子的營養吸收更全面而強迫他們吃不喜歡的食物，寶寶不吃，肯定有不喜歡的理由。或許是因為食物的形狀、顏色，或許是因為以前吃類似食物時留下的不好記憶，比如被魚刺卡過一次後，變得不喜歡吃魚了。寶寶們也是有自己的思想的，他們有時候嘴上可能表達不出，但是心裡卻很明白。這時如果父母再強迫孩子，這種不愉快的用餐體驗還會得到強化，影響到孩子以後的用餐心情。

有些孩子可能更「不像話」，甚至會用吃飯作為威脅爸爸媽媽的條件。2～3 歲的幼兒有時會說出「你要是不買給我⋯⋯，我就不吃飯」這樣的話來。聰明的寶寶們透過一段時間的觀察，大概都會發現爸爸媽媽對自己吃飯是非常關心的，也很在意自己吃不吃飯，因此他們會心血來潮地來上一段「權利之爭」，看看到底誰說話更管用。一旦發現寶寶有這樣的想法時，爸爸媽媽一定不能姑息，也不能妥協，因為有第一次就會有第二次。父母們一定要讓寶寶明白：吃飯不是交易，吃飯是給自己吃的，不能以此作為要挾別人的理由。

當然，除了上述情況外，也不能排除一些病理性的因素，比如喉嚨發炎、腸胃不適等，以及由於爸爸媽媽「關心則亂」而產生的主觀看法。許多爸爸媽媽將寶寶和其他同齡孩子比較之後，會對孩子的食慾做出一個主觀判斷，事實上這是不具可比性的。因為寶寶們會受遺傳、環境、體型、活動量等因素的

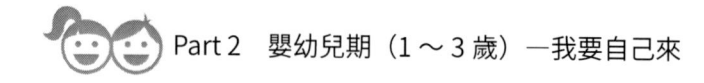

Part 2　嬰幼兒期（1～3 歲）—我要自己來

影響，對營養的需求產生差別，食慾也會隨之不同。此外，嬰幼兒期的寶寶，食慾本身也存在不穩定性，有著週期性的增減情況。寶寶一般在夏季往往會食慾不振、厭食或食量減少，這是由於機體為了調節體溫，較多血液流向體表，內臟器官供應相對減少，以致影響胃酸分泌，導致消化功能降低；加上天氣悶熱，小兒休息、睡眠欠佳，神經中樞處於緊張狀態，體內某些內分泌腺體的活動水準也有改變，這些均影響到胃腸道的活動；另一個影響因素是由於大量飲水，使胃液被沖淡，以致食慾大減。

無論是哪一種情況下致使寶寶「厭食」，父母都不能做出過度的反應，不能為了讓孩子吃飯而做出一些過激的行為，比如生氣、威脅孩子等，當然也不能採取「拆東牆補西牆」的做法，比如亂承諾，一邊講故事一邊讓孩子吃飯，或者邊吃邊玩的方式。這樣不但分散了幼兒用餐的注意力，還易發生嗆食等意外。在孩子健康狀況良好、沒有什麼不良情緒時，爸爸媽媽有義務讓孩子知道吃飯是一種生活行為，必須養成良好的習慣。不妨嘗試一下鼓勵的做法：如孩子不好好吃飯時就不理他，把飯碗拿開，但當他又拿起勺子好好吃時，立刻告訴他，寶寶今天比昨天進步了，寶寶自己就過來吃飯了。

如果孩子真的不餓，也可以讓他餓一餐，也許下頓會吃得更香。俗話說「要想小兒安，三分飢與寒」。不餓的時候強迫吃飯，只會產生反效果，讓寶寶對食物更加反感。但是需要注意

的是，到了飯點不吃飯的寶寶，如果在其他時間餓了，也不要讓他吃零食，這樣很容易形成惡性循環。如果孩子真的餓了，只需把用餐的時間稍稍提前就行。

為了增強孩子們的食慾，家長們也可以努力把寶寶餐做得色香味俱全，以及造型更獨特些，不僅要講究營養搭配，還要注意色彩搭配，盡量不要讓寶寶看到不喜歡的顏色，比如黑色 —— 很多小朋友都不喜歡吃黑色的食物，也可以將寶寶不喜歡的食物混合在其他食物中，注意要少量，否則很容易被察覺。不要總做同一種食物給寶寶，也不要因為寶寶喜歡某種食物就任其隨便吃，這樣最終都會導致孩子們食慾下降和挑食。

最後，也是最重要的，多付出一些耐心，真正地去傾聽、去了解孩子們內心的需求，試著去理解他們的行為，讓孩子在愛與尊重中學會愉快用餐。

第六節　愛搶別人玩具的「壞」寶寶

就像「女人的衣櫥裡總是缺一條裙子」一樣，寶寶的眼裡也總是認為自己缺少玩具。媽媽們都納悶：明明已經買了很多玩具給他，為什麼出門還是要搶別人的玩具？看著隔壁被搶了玩具而哇哇大哭的小妹妹，媽媽心裡也很懊惱，真是個愛搶別人

Part 2 嬰幼兒期（1～3歲）─我要自己來

玩具的「壞」寶寶。

很快媽媽們也會發現，這個「壞」寶寶的眼裡似乎只有別人的玩具，即使媽媽下次出門給他帶上玩具，他還是會搶別人的玩具，似乎搶來的玩具會更有趣。這是寶寶喜歡新奇事物的天性使然，還是孩子的心理出現了什麼問題呢？

有些媽媽甚至擔心，孩子現在是「搶」，長大了會不會就直接「拿」了呢？如果改不掉的話，對寶寶長大後的特質和行為的影響該是多麼惡劣。對此，我們首先應該明白，孩子在這個時期出現的搶玩具行為是無關道德的，即使是孩子把小朋友的漂亮玩具帶回了家，也不能將其與偷竊做聯想，這完全是兩回事。2歲左右的小朋友對於是非的觀念還很淡薄，也沒有什麼道德意識。在他們看來，將喜歡的東西據為己有是天經地義的事。

這種想法與寶寶自我意識的萌芽有關。寶寶自我意識的萌芽最初展現在以自我為中心，凡事強調「我」，在他的心目中，自己是最重要的，別人都要圍繞著他轉，只要是自己喜歡的，就可以拿過來，他們此時尚不懂得什麼是「物權」，所以「搶」是沒有任何惡意的，充其量也就是一種人性的本能。但是，在這一過程中，寶寶的道德意識也會慢慢發展，因此需要家長的引導，特別是在寶寶和其他小朋友玩的時候，盡可能也參與進去。

除了寶寶自我意識的萌芽外，孩子愛搶其他小朋友的玩具，也可能出於其他原因：第一種原因可能是父母總是無條件地滿足孩子的需求，造成孩子喜歡就拿的任性行為。很多父母由於

第六節　愛搶別人玩具的「壞」寶寶

工作很忙,沒有太多的時間陪孩子,就希望在物質上盡量滿足孩子,只要孩子提出要求,父母就會馬上滿足。比如寶寶想買玩具,爸爸可能會說,喜歡就買並馬上付諸行動,即使有時候也不想買,但是為了避免寶寶哭鬧也會無奈地滿足。這種無條件的滿足其實是對孩子的一種縱容,他們會覺得只要是自己喜歡的都可以擁有,才不會管玩具是不是可以「買」。

第二種原因是寶寶們喜歡新奇事物的天性。對新奇的事物感興趣,是人的天性。對寶寶來說,由於集中注意的時間本來就比較短,所以一個新玩具到他手裡,玩不了多久,他就會被別的事物吸引,進而對手中的玩具失去興趣。家裡的玩具即使再多,對他來說還是不夠,當看到其他小朋友有不同的玩具時,自然就會產生搶過來研究一番的想法。他們純粹是想看一看自己沒有見過的玩具而已,僅僅是天性使然。

第三種原因是父母過於依賴用玩具來安慰孩子。當爸爸媽媽工作繁忙,特別是一邊工作一邊進修的時候,常常沒有時間和孩子玩耍。不少父母為了讓孩子安安靜靜待上一會兒,給自己騰出點時間,可能會更多地依賴玩具來承擔本應該自己承擔的責任。於是,他們常常塞給孩子一堆玩具,然後放心地去忙自己的事情。這樣做直接導致孩子對玩具產生依賴感,從而提出購買更多新玩具的要求。事實上,父母常常低估孩子的心理承受能力,對於他們來說,新玩具雖然能吸引一時的注意力,但是會很快消失;即使沒有玩具來滿足自己,哭鬧一會兒也就

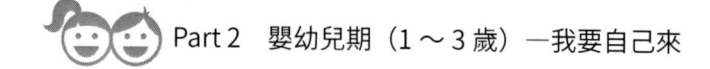

Part 2 嬰幼兒期（1～3歲）—我要自己來

好了。不能適應的反倒是父母，是他們過於高估玩具對孩子的作用，才導致孩子對玩具產生了原不該有的「貪婪」之心。

第四種原因是孩子對自己的玩具不會玩或缺乏創造性地玩。一個玩具拿到手，孩子可能根本就不知道怎麼玩。尤其是那些不適齡的玩具，孩子更是難以駕馭，這樣就會降低他們對玩具的興趣。當他看到其他小朋友玩得很好的玩具時，就會馬上產生興趣，模仿是一種最好的學習方式，所以寶寶就會迫不及待地想把別人的玩具搶過來，來模仿一下別人玩的方式。另外，即便是孩子掌握了某個玩具的玩法，但是不能創造性地尋覓到一些新的玩法，或者父母提供的玩具不符合孩子的性格年齡特徵，也會導致他們很快就對它失去興趣，進而很想擁有他人的玩法比較新奇的玩具。

總之，我們要明白孩子搶別人的玩具是有原因的，並不是因為他們的本性「壞」。對於寶寶搶玩具的行為，父母首先要先從客觀上，給他們創造一個比較「滿足」的環境，如提供適合寶寶性格年齡的玩具，教會他們怎麼玩，並和他們一起開發玩具的新花樣，這樣也能變相滿足寶寶對新奇玩具的渴求；在帶寶寶外出玩耍時，讓他們帶上一兩個平時在家裡喜歡玩的玩具，當寶寶自己手裡有玩具時，他對別人玩具的注意力也會分散一些，在必要的時候還可以引導寶寶和其他小朋友一起分享玩具，培養寶寶的「物權」意識和分享意識。

其次，對於寶寶的這種行為父母要注意引導。糾正搶別人

第六節　愛搶別人玩具的「壞」寶寶

玩具行為的關鍵在於讓寶寶明白，任何物品都有自己的歸屬人以及歸屬人權利的觀念，也就是常說的「物權」。對於任何一個搶別人玩具的寶寶來說，也一定會遇到別人搶他玩具的時候，同樣也會因為自己心愛的玩具被搶而感到傷心，甚至哭鬧不止。父母可以利用這個時候讓寶寶明白什麼是「物權」，可以這樣說：「那是寶寶的玩具，哥哥沒有經過同意就拿去是不正確的，只有寶寶同意了才可以拿，對不對？」嬰幼兒在認同別人對自己態度的同時，也會學著將這種觀念用在他對別人的態度上，如果他認同了父母的這種說法，那麼下次再搶別人的玩具前也會有「別人的玩具應該由別人做主」的觀念。當然，由於寶寶的行為控制能力還很弱，他們的手總是快於自己的大腦，所以還是會不可避免地發生「搶」的行為，這時只要父母再多強調和引導幾次，寶寶就一定能夠記住。這也是孩子在學習與他人交往中很重要的一步──尊重別人，別人才能尊重自己。想讓寶寶更好地認同這種觀念，在平時的生活中也要注意尊重他們的意願。

如果寶寶經常和別人發生搶玩具的行為，對於他們的社交也會形成一種不好的影響。比如在某個社區裡，明明非常喜歡搶其他小朋友的玩具，所以大家看到他就會自動地躲開他，或者會保護好自己的玩具，甚至有些家長為了避免自己的孩子受傷害，還會責備明明。明明也覺得很委屈，因為有時候他並沒有想搶其他小朋友的玩具，而是想和他們一起玩。不可否認，

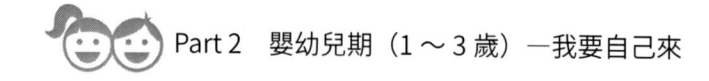

Part 2　嬰幼兒期（1～3歲）─我要自己來

這的確是寶寶搶玩具的行為造成的直接後果。對於已經具有一定社交意識的小朋友來說，這種情況可能會讓他覺得失落。此時父母可以讓寶寶適當地多體驗一會兒這種情緒。然後告訴他：「你老是搶人家的東西，人家才不跟你玩了，以後我們不搶人家的東西了，好不好？」這種「情境教育法」對小朋友很管用。

為了改正寶寶的搶玩具行為，也為了能夠讓他們更好地融入團體之中，可以在他們和其他小朋友玩的時候參與進去，引導寶寶學會分享玩具，比如你借我一個，我借你一個等，盡量不要讓他們發生搶的情況；尊重寶寶對自己的玩具進行支配的權利；教會寶寶站在別人的立場上去思考問題，帶給寶寶一個與他人愉快相處的氛圍，在平等與快樂中學會與他人交往；當發生搶玩具事件後，不要讓寶寶的注意力一直停留在那裡，可以拿一個寶寶平時很喜歡的玩具來分散他的注意力，避免這種不愉快的交往過程給寶寶留下心理陰影。

需要注意的是，任何情況下不能強勢地介入孩子們之間的活動，即使你發現孩子搶了別人的玩具，也不能直接強行奪過來再還回去，這樣只會助長孩子搶的行為。可以先勸說孩子，讓他自己思考、改變處理的方式；也不能因為孩子哭鬧就去買一樣的玩具給他，或者勸說別人把玩具借給他玩，這樣他以後還會採取同樣的方式。如果哭，就讓他哭一會兒好了。媽媽可以安慰孩子，但是一定要告訴他：搶別人東西是不對的。

沒有一個父母不愛自己的孩子，也沒有一個孩子是天生的

「壞」寶寶。愛孩子，就用最好的方式讓孩子成長為人見人愛的好寶寶。

第七節 媽媽不要走

有一位媽媽最近很苦惱：

2歲多的豆豆突然變得很黏人，豆豆小時候主要是奶奶帶的，和媽媽並不是很親。但是最近每當早上媽媽要去上班時，他總是會抱住媽媽的腿說：「媽媽，不要走，不去上班。」好不容易狠下心來走掉，背後總能聽到豆豆傷心的哭聲。聽到哭聲，媽媽的心裡也很難受。更讓媽媽難受的是，只要一到媽媽平常下班的時間點，豆豆就會坐在門口的地上等她，只要奶奶拉他回來就哭。一次媽媽有事回來晚了，豆豆竟然在門口等睡著了。媽媽回來後，聽到奶奶這麼說，心裡難過極了。

這並非特例，很多家長都曾經反映過：「我家的寶寶太黏人了，我只要一回家，寶寶就一直黏著我，就連我去上廁所，寶寶也要跟著，太煩了，搞得我什麼也做不了。到底該怎麼辦呢？」1歲後的寶寶愛黏人，似乎已經成為一件令家長們頗為頭痛的事情。

據嬰幼兒成長專家分析，寶寶喜歡黏人，是因為對媽媽依

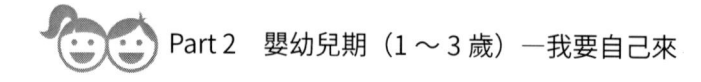

Part 2　嬰幼兒期（1～3歲）—我要自己來

戀感的存在。著名的育兒專家內藤壽七郎博士曾經說過，親子是相通的，母親緊張，孩子也緊張。就像孩子不在媽媽身邊，媽媽容易覺得不安一樣，為了逃避或者是「解脫」這種不安，寶寶也會想要緊緊地跟在媽媽身邊，所以媽媽要體諒孩子的這種心理；另外，由於在剛出生的第一年裡，母親對其照顧和陪伴比較多，所以寶寶會對母親形成情感上的依戀，表現得比較「黏人」，這是一種正常的現象。「黏人」既能使寶寶的心理得到滿足，也能帶來情感的愉悅，適度的依戀還有助於寶寶對他人信賴度和自我信任感的建立，為將來成功地與他人相處奠定基礎。相反，如果寶寶不「黏人」，反倒比較容易讓人擔憂。

具體說來，對待寶寶黏人的問題，我們可以從以下幾個方面來理解：

◆ 第一，黏人是一種情感表達的方式

就像是寶寶告訴你「我餓了」一樣正常，黏人也是因為寶寶此時有著強烈的、急切的需要媽媽陪伴的心理。當寶寶餓的時候我們都知道要給寶寶餵吃的，那麼當寶寶需要陪伴的時候為什麼就不能陪伴呢？比起滿足孩子的物質需求，精神需求的滿足顯然更加重要。當然，做媽媽的總是希望盡其所能滿足孩子的所有需求，只要注意在精神上和孩子保持溝通和交流，在情感需求上盡量滿足孩子，孩子也一樣可以成長得很快樂。

第七節　媽媽不要走

◆ 第二，黏人是寶寶走向獨立的一個過渡階段

1～3歲是寶寶獨立意識初步萌芽的時期，這時的孩子一方面嚮往獨立，但也會表現得越發黏人。與成人一樣，寶寶在每一次邁出獨立的嘗試時，內心都會因為不確定而感到不安，爸爸媽媽的關注就是寶寶的「定心丸」，他們需要依賴父母的判斷告訴其是否安全；另一方面有了父母的關注，寶寶也可以避免行為不當帶來的傷害；再者，寶寶在成長時，也希望自己的每一次勇敢嘗試能夠得到爸爸媽媽的鼓勵。這種現象很正常，並且不會持續太長時間。當他已經能夠獨立做好一件事情，比如說話、走路時就不會再黏著父母，遇到自己還不能獨立完成的事情時，才會黏著父母，尋找安全和保護。所以父母應該覺得很欣慰，寶寶黏你，是因為他相當信任你。

為了讓孩子更快地學會獨立，以及體驗到獨立所帶來的成就感，父母需要多多關注孩子，讓孩子感受到你的愛，讓他覺得有安全感。在孩子力所能及的事情面前，爸爸媽媽要盡量鼓勵他自己完成，並表揚孩子的努力和成功。對於孩子的失敗，絕不能表現出失望和生氣。

◆ 第三，黏人也是寶寶成長的一個象徵

隨著幼兒的成長，他們的情感變得越來越豐富，對外面世界的探索和好奇心也都有所增強，對不確定性產生一種恐懼，並且對身邊的親人有了遠近親疏之分，這些都說明孩子已經長

101

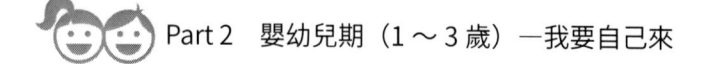

Part 2　嬰幼兒期（1～3歲）－我要自己來

大了。所以，大多數寶寶在 1 歲以後都會經歷「黏父母」的階段，尤其是當日常生活中有了變化或周圍有陌生人時，他會緊跟著父母，片刻不離。有時會讓人覺得很煩，但這正說明寶寶在成長，此刻的你應該為寶寶感到高興。

◆ 第四，不適當的養育方式造成的寶寶黏人

比如：撫育人單一，很多家庭帶孩子的人都相對單一，和誰在一起的時間多，寶寶自然就更黏誰一些，這是人之常情；再比如：媽媽對待寶寶的態度前後不一致，甚至發生過不辭而別的現象。這些不好的情感經歷會讓寶寶常常缺乏安全感，所以會表現得很黏人。1～2 歲的寶寶還無法將「獨立」和「失去媽媽」兩者很清楚地區分開來，在他們看來，離開媽媽的懷抱是件傷心不已的不幸事件。故此，父母不要心情好時能夠耐心地被寶寶「黏」，心情不好時就把寶寶一把推開，這種前後不一致的態度，會對寶寶幼小的心靈造成傷害，反而會增強寶寶的「黏性」。更有父母為了避免分離時的傷感場面，不顧寶寶的感受，不辭而別。這些做法都容易給寶寶帶來內心的不安，對寶寶來說很不公平。

當然，無論是從寶寶成長的角度，還是從父母的現實情況來說，分離是寶寶和父母必然要經歷的一件事，我們不能，也不可能因為寶寶離不開父母就天天陪著他們，任由寶寶「黏」著。寶寶的獨立是一個循序漸進的過程，既不能過分焦慮，也

第七節 媽媽不要走

不能武斷地替寶寶來決定,可以在生活中透過改變自己的養育態度,採取一些有技巧的方式讓寶寶順利地度過「黏人期」。

首先,我們要擺正心態,堅定地應對寶寶出現的各種狀況,保護寶寶處在萌芽狀態的獨立性。1歲以後的寶寶在許多方面都開始出現獨立意識的萌芽,如:不願讓別人餵飯、不願被別人抱著走等。寶寶的這種獨立性傾向,是一種積極向上的表現,父母應當愛護這種行為,及時給予引導和鼓勵,如用話語、表情、動作等表現出對寶寶獨立性的讚許,以此激勵寶寶更加大膽獨立地去探索。不要捨不得放手,害怕寶寶離開自己後會有危險。這種對危險的放大,也會無形中破壞寶寶剛剛萌芽的獨立意識,讓寶寶變得膽小,缺乏安全感。面對和寶寶的暫時分離,父母也應該保持平靜、樂觀的態度,讓這種「沒有什麼大不了的」的情緒來感染寶寶,使他也能夠自信面對。

其次,試著把寶寶當成一個成年人,如果不能陪伴他,就要告訴他理由。寶寶們儘管還有許多話不會說,但是他們已經基本能聽懂父母常說的話,也知道爸爸媽媽有必須要做的事情。他們的黏人和面對分離時的哭泣有時只是一種暫時的不適應,只要我們可以堅持在離開或者忙碌時向寶寶解釋一下你正要去做的事情,反覆幾次他就會慢慢習慣。不過,爸爸媽媽永遠不能將忙作為自己不陪孩子的藉口,這隻針對不得不做的一些事情。在大部分時間裡,我們還是要常常陪伴寶寶,並讓他感受到爸爸媽媽非常愛他,想陪著他。這樣會有助於父母和孩子之

Part 2　嬰幼兒期（1～3歲）－我要自己來

間建立一種相互信任的良好關係。

　　再次，對寶寶要進行漸進式分離。當寶寶總是希望黏著你的時候，不妨用一些寶寶感興趣的遊戲來分散他的注意力，採取漸進式的方式來和寶寶分離。例如：可以先陪寶寶一起玩他喜歡的遊戲，當發現寶寶可以把注意力集中在他喜歡的遊戲上的時候，就可以跟寶寶說，自己玩一會兒，媽媽就在旁邊做點別的事情。需要注意的是，媽媽一定要讓寶寶知道妳在哪裡，不可以在寶寶正玩得開心時妳就突然不見，這樣寶寶會覺得非常沒有安全感。在妳離開之前，一定要讓寶寶知道，並徵得他的同意。通常寶寶在這個時候都會同意媽媽離開去做別的事情。在離開之前，妳一定要堅定地對寶寶說「媽媽等一下就回來」，讓寶寶明白只是暫時分離，一定不要把自己的焦慮傳給寶寶。

　　最後，請記住一定不要對寶寶的黏人行為進行處罰。有些脾氣較為暴躁的家長，當寶寶黏人時就會覺得很不耐煩，覺得寶寶太不獨立了，有時還會採取一些方式來懲罰他們。這種做法是錯誤的，這對孩子的傷害很大，寶寶黏人本身既是因為信任父母，也是因為缺乏安全感，父母一旦處罰寶寶，寶寶就容易對自己的判斷產生懷疑，會覺得是不是爸爸媽媽不愛自己了。寶寶一旦產生這種懷疑，他的內心會變得更加不安，這樣也會直接影響寶寶的心理健康。

第八節　我想哭一會兒

2歲以後的寶寶情感會變得特別豐富，有時他們會因為芝麻綠豆大的事情就哭上一陣，如果你問他為什麼哭，他可能也說不出什麼，抑或他只是想哭一會兒。

寶寶這麼小就已經學會了多愁善感嗎？其實也不是，他們只是在嘗試著感受自己的情緒，並且學著如何管理自己的情緒。大部分的爸爸媽媽都帶孩子玩過這樣一個遊戲：讓孩子做出喜怒哀樂等不同的表情。對於這麼大的孩子來說，他們簡直就是天生的演員，因為他們總是能在第一時間做出一些相應的表情，這不僅是出於孩子們模仿的能力，也是因為他們的情緒感知能力有了進一步的發展。

對於3歲以下的孩子來說，他們表達情緒的一種最常見，也最直接的方式就是哭鬧。孩子哭鬧有時候是在發脾氣，有時候則純粹是一種情感的宣洩，但無論哪一種情況，孩子都還不能夠很好地控制自己的情緒，也就是常說的對自己的情緒進行管理。作為父母，我們又該如何來幫助孩子學會情緒管理呢？

首先，先探究一下這個時期孩子哭鬧的心理。相對於幼兒不會說話，用哭來表達生理需求，這時期的孩子哭鬧則更多地表達一種心理的需求。比如自己心裡不舒服，想要的玩具沒有得到而覺得失落，受了委屈想要發洩，或想要引起父母的注意

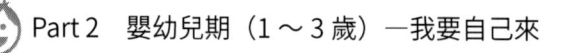

Part 2 嬰幼兒期（1～3歲）─我要自己來

等等。這些心理都很正常，問題的關鍵在於父母對待孩子哭鬧等情緒發洩時的態度。

以下幾個情形是我們在日常生活中經常遇到的哭鬧現場，可以在心裡測試一下自己的反應。

場景一：週末，忙碌了一週的你想坐下安靜地休息會兒，但是1歲半的孩子卻因為積木搭不好而嚎啕大哭，這時你會怎麼辦？

A. 控制住自己的怒火，安撫他，但不急著幫他，給他重新嘗試的空間。

B. 心煩意亂，趕緊替孩子搭好積木，假如他還在哭，就訓斥或威脅他，比如：「別哭了，再哭警察叔叔聽見了，會把你帶走的。」

場景二：2歲的孩子在一次發脾氣時動手打了你，你會怎麼做？

A. 堅定地告訴他：「打人是不對的，媽媽不喜歡這樣。」如果他還繼續打，輕輕地把他抱在懷裡，告訴他媽媽知道他很傷心（或憤怒），安撫他。

B. 按捺不住怒火打了回去，嘴裡說：「造反啊！看我不教訓教訓你！」

在上述情形中，A項是正確的選擇，但是生活中有時候就是忍不住做出了B項的行為，畢竟成年人不是在任何時候都有

第八節　我想哭一會兒

耐心。儘管我們也知道孩子鬧情緒肯定是有自己的原因，比如場景一中的孩子，可能是因為自己無法將積木搭建成想像中的樣子，從而產生了一種「心有餘而力不足」的失落感，所以產生哭鬧的行為；場景二中的孩子可能是因為心裡的怒火無處發洩才會打了爸爸（媽媽），在他們的心裡，他們只是想把心中的情緒發洩出去，並不會想自己選擇的發洩方式是否正確。所以，在了解了寶寶們的「無心」之後，父母就沒必要生孩子的氣了。

面對孩子發脾氣或者是哭鬧，要知道這並不是壞事。哭鬧和發脾氣可以讓負面情緒發洩出來，避免鬱結於心，引起其他的疾病。就像人們常說的那樣：「小孩子的臉，說變就變。」大哭一場之後，孩子的情緒經常會變得很快，剛才還傷心欲絕，一會兒就又歡呼雀躍了。實在不用過分擔心。

面對孩子發脾氣或者哭鬧，爸爸媽媽一定不要走開。或許你心裡很煩，不想聽到孩子的哭聲，但是孩子已經很傷心了，如果這時爸爸媽媽還要批評他、不理他，甚至要離開他，這會讓孩子的內心更加傷心、無助。這時爸爸媽媽可以溫柔地擁抱孩子，詢問他：「寶寶是不是生氣了？寶寶是因為……而不開心的嗎？我們可以……」你的關懷和理解一定會讓寶寶覺得自己受到了重視，加上身體接觸帶來的安心感，他們一定會慢慢地緩解最初的情緒，又重新玩起來。在這樣的引導和安慰中，孩子不僅情緒得到了發洩和緩解，同時也初步建立起一種抗挫折的能力，這些對孩子日後進行情緒管理很有幫助。

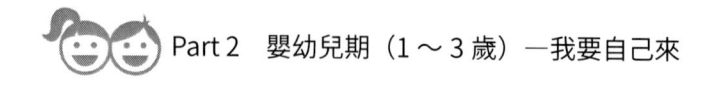

Part 2　嬰幼兒期（1～3歲）─我要自己來

　　需要注意的是，當孩子因為沒有成功完成一件事情而哭鬧時，先不要著急去幫助孩子，而應該讓孩子自己哭一會兒，感受一下這件事情帶來的情緒，然後再慢慢地開導孩子。在孩子重新鼓起勇氣去做這件事時，再給予必要的指導。要知道，無論在任何時候，我們的替代和幫助都會抑制孩子自身動手能力的發展，也不利於孩子自己調整情緒，不能感受失敗後的成功帶來的意義和愉悅感。

　　面對孩子的情緒發洩，最不可取的一種方式就是用暴力手段去制止。許多孩子在成長的過程中會表現出暴力、急躁或者是膽小、懦弱、不敢表達自己的情感需求，這些多是受到了大人們暴力阻止的影響。從父母的立場來看，孩子的許多行為都是讓人難以忍受的，但是孩子畢竟還是孩子，他們的行為需要父母去耐心開導。面對孩子哭鬧時出現的暴力行為，一方面要告訴孩子打人是不對的，另一方面也要教會孩子學著用其他的方式來發洩自己的情緒。

　　除了管理好自己的情緒外，家長們在對待孩子情緒方面也要講究一些科學的方法。比如採取「延遲滿足」來讓孩子學會等待。

　　1960年，美國史丹佛大學心理學教授華特‧米歇爾曾經做過一個名為「糖果的誘惑」的著名實驗：在美國史丹佛大學的一家幼稚園裡，研究人員找來數十名兒童，讓他們每人單獨待在一個只有一張桌子和一把椅子的小房間裡，然後給每個人發了

第八節　我想哭一會兒

一塊糖果。並被告知，如果不吃這塊糖果的話，將會獲得更多的糖果。有的小朋友沒有抵制住糖果的誘惑，直接就吃掉了，但有的小朋友，為了得到更多的糖果，拚命忍住去吃眼前的糖果的衝動。當然，這個過程也很煎熬，他們開始做一些小動作，吃手，吃自己的衣角，甚至用手矇住眼睛，最後，他們經受住了誘惑，得到了更多的糖果。米歇爾對這些參加實驗的孩子進行了跟蹤採訪，發現那些可以等上15分鐘再吃糖果的孩子到了小學、中學，甚至踏入社會之後，學習能力更強，而且離婚率、犯罪率更低。

　　這個實驗引起了許多父母的反思。在生活中，我們給予孩子的滿足分為超前滿足、立即滿足、延遲滿足和不滿足4種情況，而且大多數家長給孩子的都是超前滿足和立即滿足，如孩子還不餓就給孩子吃的，孩子一看上什麼玩具馬上就買給他。這樣造成的直接後果就是孩子不懂得珍惜和性子急。他們會覺得父母滿足自己的願望是理所應當的，自己想要什麼就可以擁有什麼，所以一旦出現與這種設想不符的情況時，內心就因為無法接受而哭鬧、發脾氣。殊不知這種惡習其實是父母縱容的結果。

　　一些專家指出，對於孩子要求的延遲滿足可以更好地提高孩子們自我控制的能力，也是有效進行情緒管理的一種好辦法。對於1～2歲的寶寶，可以透過轉移注意力、數數、制定計畫等方法幫助他們學會自我控制，而對於更大一些的寶寶，

Part 2 嬰幼兒期（1～3歲）—我要自己來

則可以透過傾訴與傾聽、玩遊戲、表揚孩子的自制力等方式來調整他們的情緒，讓他們明白自己也可以做情緒的主人。

讓你的寶寶想哭就哭，想笑就笑吧，以後他們將會體驗更多屬於人類的情感，如快樂、喜悅、悲傷、害怕、氣憤、厭惡等，這些我們都無法替代，因為這是屬於孩子自己的權利。

本章小結

1～3歲被稱為嬰幼兒成長階段中的「先學前期」，幼兒的許多生活習慣、是非觀念以及性格萌芽都是從這裡開始的，因此對於幼兒的成長來說十分關鍵。從幼兒開始蹣跚學步，咿啞學語，有自己豐富的情感，學會獨立思考，學會交朋友，到他們嘗試著自己的事情自己做，嘗試著離開媽媽自己去探索世界……這其中的每一次進步、每一次變化看似自然地發生，但對於他們來說，內心都經歷著巨大的變化。他們會惶恐、不安、無助，會因為「無知」、「固執」而做出許多惹爸爸媽媽生氣的事情，這些都是很正常的，解決這些問題的方法只有一個，那就是愛與理解。希望所有的爸爸媽媽都能夠理解自己的孩子，能夠用愛去包容孩子的每一次成長。畢竟，隨著3歲的到來，我們陪伴孩子的時間也將越來越有限，他們的世界也將變得更加豐富多彩。

Part 3　幼兒期（3～6歲）
── 豐富多彩的世界

孩子終於到了要上幼稚園的年齡，爸爸媽媽心裡想著總算可以鬆口氣了。但是轉眼又發現，孩子變得比以前還難帶。有些媽媽說：我的孩子一天簡直要哭上100遍；有些媽媽說：我們家的孩子簡直是個小魔頭；有些媽媽說：孩子大了，脾氣也變大了，簡直是無法無天……難道是真的應驗了那句「可怕的3歲」嗎？3歲以後的幼兒心理又會發生哪些不同以往的變化呢？讓我們一起來解密吧。

Part 3　幼兒期（3～6歲）—豐富多彩的世界

第一節　「可怕」的 3 歲

在許多早教和育兒類的書籍中，會看到 terrible 的這種說法，通常把它譯為「可怕」的 3 歲，或者是「麻煩」的 3 歲。大多數經歷過 3 歲兒童日常的媽媽們也會對此深有感觸。3 歲究竟有多可怕，可怕的原因又是什麼呢？

下面是一個 3 歲孩子的媽媽所遭遇的情形：

一天，3 歲多的蕊蕊正在搭積木，也許她原想拼一座大城堡，但是還沒有拼到一半就塌了，只聽「哇」的一聲，蕊蕊就哭了起來。媽媽一邊趕來安慰，一邊問城堡怎麼壞掉了啊，是不是蕊蕊沒有拼好啊？這麼一問孩子哭的聲音更大了。媽媽意識到可能是自己說錯了話，於是趕緊改口說：「城堡壞了沒關係，我們可以再搭建啊。媽媽相信蕊蕊一定可以做到的。」但是蕊蕊還是在那裡哭，不過在媽媽的安慰下蕊蕊已經好多了──眼淚幾乎沒有了，只剩下了乾嚎。但只是乾嚎也很要命，把媽媽的心都給嚎煩了。聯想起平日裡蕊蕊的多種「無理取鬧」，媽媽實在忍不住了，就把蕊蕊放了下來，讓她自己嚎夠了再說。據媽媽說，當時蕊蕊一直嚎啊嚎的，頭上的血管都「突突」地跳了起來。

類似這樣「氣人」的行為還有許多，比如當你讓他洗澡時，他不但拒絕而且還會滿屋子亂跑，怎麼都不配合，即使講道理

第一節 「可怕」的3歲

也不聽；告訴他不能到處亂畫，可是稍不留神就將滿屋子的白色牆壁塗成大花臉；只穿自己想要穿的衣服，哪怕衣服再髒、再不合時宜；遇到想要買的玩具，必須立刻買，只要爸爸媽媽有「二話」，馬上就要賴打滾各種「反抗」；讓媽媽做什麼就必須是媽媽做，換誰都不行；稍不如意就哭，並且哭得昏天黑地，爸爸媽媽甚至都沒有弄明白寶寶為什麼哭……這些行為無不讓父母既頭疼又心疼，雖說3歲是孩子成長中的一個叛逆期，但這樣也太可怕了。

寶寶們為什麼會產生這麼多讓人不可理解的行為呢？第一個原因就是已經日漸長大的孩子，有種被尊重的心理需求。想想看，比起剛出生、剛會走路，3歲的寶寶是不是需要被照顧的地方越來越少，獨立能力也越來越強了呢？俗話說「翅膀硬了想自己飛」，3歲以後的幼兒也是如此。在他們的思維意識中，成長到一定階段的時候會發現自己和周圍的事物是分離的，包括爸爸媽媽，需要別人將他們當作一個獨立的個體來尊重。它展現在尊重他們獨自做事情的意願，尊重他們的想法，尊重他們的情感以及情感的表達方式。

孩子們的這種想法還展現在他們已經具備了一定的自尊心，也就是常說的「面子」。有些家長會發現孩子特別忌諱爸爸媽媽在別人面前責備他，特別不喜歡爸爸媽媽否認他們的能力，比如玩積木，當孩子想要拼一幅比較複雜的圖案時，媽媽也許會說，「這個太難了，我們換個簡單的吧」，這麼一句話可

Part 3　幼兒期（3～6歲）—豐富多彩的世界

能就會引來孩子大哭一場，這是因為孩子覺得自己的想法受到了否定。他們這些所謂的「面子」有時也常常令大人們意想不到，比如拒絕，這對於成年人來說都是很正常的事情，但是對於孩子來說就會覺得很委屈，很不能接受。要知道，伴隨著孩子的成長，剛剛萌芽的自尊心也是很脆弱的。

　　孩子們產生上述行為的第二個原因是，幼兒有了獨立性的要求。隨著年齡的增長，當孩子意識到自己已經可以獨立地做一些事情時，獨立性也在日漸萌芽，並逐漸增強。3歲後，他們越來越想脫離家長的保護獨立行動，以此作為驗證自己能力的一種方式。他們對獨立的要求不僅展現在行為上，如獨立行動，還展現在不願意接受成人的指令，如「不要在牆上亂畫」、「不要看那麼長時間的電視」。對於他們來說，只要是他們內心想做的，就會迫切地需要嘗試，為什麼大人們可以隨心所欲，小孩就不可以呢？這個階段的他們對此類問題會表現得特別固執。

　　當然，也不能排除孩子做出此類行為的另外一個原因：藉以試探家長們的底線。「用他人的反應來判斷這件事情可不可以做」似乎是人在幼兒時期就掌握的一種探索世界的方式，並且這種方式尤其受到孩子們的喜歡。我們都明白「吵鬧的孩子有糖吃」的道理，孩子之所以會用吵鬧來換取糖吃，是因為孩子第一次吵鬧的時候我們給了糖，之後他們才會不厭其煩地用同樣的方式來換糖。假如有一天你突然要改變遊戲規則，哭了也不

第一節 「可怕」的3歲

給糖，恐怕孩子也會變得很無措。這時候有錯的就不是孩子，而是擅自改變遊戲規則的成年人。同理，孩子們的許多「無理取鬧」行為也是一種試探，他們透過成年人所表現出來的態度，確定自己做這件事情的意義，以後為了達到這樣的效果就會「故技重施」。所以，一開始父母就要確立好自己的原則，做出正確的反應。

了解上述的原因之後可能就會發現，孩子們之所以會出現那麼多讓我們覺得「可怕」和頭痛的行為，很大一部分因素都是大人們自己造成的。如過於寵愛孩子，孩子要什麼就滿足什麼，有朝一日家長不這麼做了，孩子就接受不了，大哭大鬧。言行不一致，嘴裡說著「愛」孩子，但心理面並沒有給孩子足夠的信任與尊重，不耐心傾聽孩子的訴說和要求，甚至不分場合地喝斥孩子，傷害他們的自尊心。說話不算數，有些父母覺得孩子小好哄，常常許下一些虛假的諾言不去兌現，很容易傷害孩子的心靈，並且造成孩子對家長不信任──不再相信父母說的任何話，哪怕是正確的話。不尊重孩子獨立性的要求，不捨得放手讓孩子做一些力所能及的事情，並且不給孩子獨立選擇的權利，如今天穿什麼衣服。這些事情雖然很小，但是卻可以讓孩子感受到自己被尊重，不僅減少了衝突，也可以讓孩子的反抗心理不那麼強。

都說父母是孩子最好的老師，大人們的一言一行無時無刻不在影響著孩子，當他們不聽話和我們唱反調時，我們總是習

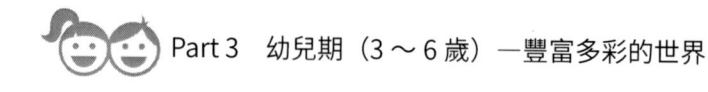

Part 3　幼兒期（3～6歲）—豐富多彩的世界

慣說「聽話」，但是卻忘記設身處地地考慮：孩子為什麼要和自己「唱反調」，為什麼孩子就非得聽你的話？是不是能夠換一種讓孩子樂於接受的表達方式？或許，有時也該換一種思考方式，不要一味地要求孩子聽話，而是換作我們來聽孩子說話，因為很多時候孩子的看法也有他們的道理。

父母一味地要求孩子按照大人的意願做事情，不僅容易加重孩子的反抗心理，同時還會產生許多意想不到的壞處，如抹殺孩子的好奇心和創造力。他們有時候無心做了「壞事」，是因為他們對什麼都想一探究竟，如果孩子只能按照父母的意願去行事，他們發揮創造性的權利就受到了剝奪。孩子們的童年一味地按照大人的安排做事將減少他們的興趣和愛好，這不僅不能滿足孩子的求知欲，久而久之易產生反抗心理。父母對孩子要求過多，容易讓孩子感覺不到父母的愛，從而產生自卑心理。孩子並不是父母的玩偶，只按照父母的要求做事會讓他們感受不到「自己」的獨特性，生活在父母一切都安排好的環境中，始終走不出父母帶來的陰影，這樣孩子會對自己的能力產生懷疑，遇事不敢大膽嘗試，比較自卑。

不聽話有不聽話的好處，我們只要正視這個問題，困擾也就迎刃而解。一位德國心理學家做過如下實驗：他對2～5歲有強烈反抗傾向的100名兒童與沒有這種傾向的100名兒童，做了長期的追蹤調查。結果發現：在反抗強烈的100名兒童中，長大後有84%的人擁有果斷的判斷力和堅強的意志力，而在

反抗性不顯著的孩子中,真正稱得上有意志力和判斷力的只占24%。所以不要再為了所謂的面子——讓孩子在別人面前對父母俯首貼耳,可能別人會稱讚「這孩子真乖」,大大滿足了身為父母的虛榮心。也不要因為孩子們的「忤逆行為」而大發雷霆,尊重孩子自身發展的需求,他們才可能擁有果斷的判斷力和堅強的意志力。

凡事有因必有果,對於孩子成長中所出現的任何問題,只要耐心對待、認真傾聽,3歲就不會「可怕」,孩子也會更加幸福和快樂。

第二節　臭媽媽、屁爸爸

語言是人類表達自我的一種最直接的方式,也是一種最常見的方式。當孩子們掌握了基本的語言表達能力後,他們會發現這是一件很有趣的事情,並且開始學會用一種特殊的方式來驗證語言的力量。

最近,奇奇的奶奶向媽媽反映,寶寶開始愛說髒話了。事情是這樣的:奇奇是個3歲半的男孩,平時幼稚園放學後,奶奶總是習慣性地帶他在樓下和其他小朋友玩一會兒。一天奇奇突然蹦出一句:「我不要和他玩,他是個臭弟弟!」上次還有個

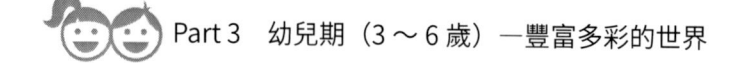

Part 3　幼兒期（3～6歲）─豐富多彩的世界

小朋友搶了奇奇的玩具，奇奇一邊哭一邊說：「我打死你，你是壞孩子。」媽媽聽後也是深有同感，有時不知怎麼惹了奇奇，他就會說「臭媽媽」。媽媽是「臭媽媽」，爸爸是「屁爸爸」，和小朋友們玩動不動就說「打死你」、「你是個笨蛋」、「滾」之類的話，你們家的寶寶有沒有這種情況呢？

許多家長可能會覺得很納悶，家裡平時也沒有人有說髒話的習慣，孩子是和誰學的呢？有些家長也會因為孩子說了髒話而去批評他們，甚至喝斥、打他們，但是這些行為依然阻止不了他們繼續「我行我素」，他們甚至還會因此「變本加厲」。其實，這種情形並不單單發生在個別孩子身上，特別是他們進入3～4歲時會普遍出現，這也就是我們常說的語言「詛咒敏感期」。

詛咒敏感期，是指兒童在學習語言的初期（一般在3歲左右）接觸到一些髒話或者帶有詛咒的話後，喜歡不分場合地使用，越是被制止就越喜歡使用，而一旦過了這個階段又恢復正常，兒童在這個時期的這種語言習慣被稱為詛咒敏感期。詛咒敏感期是語言敏感期中的一個表現。

隨著幼兒年齡的增長，他們先是發現一句話可以表達一個意思——這個發現讓他們開始學會重複說一句話。後來很快又發現語言本身是有力量的，它可以產生一種強而有力的效果，可以像一把利劍一樣刺傷別人，對他人產生強烈的反應。這引起了孩子們巨大的興趣，詛咒敏感期也就隨之而來，他們開始沒輕沒重，快樂地使用那些有力量的語言。受到傳統道德和社

第二節　臭媽媽、屁爸爸

會規範約束的成年人在最初發現兒童使用那些「詛咒」詞彙時，會很擔心，會視之為洪水猛獸。這種反應更堅定了孩子對這些詞語力量的認知，使得他們更加在意和喜歡使用這類詞彙。

其實，孩子們在最初說髒話和狠話的時候僅僅是出於對這些語言的好奇。我們常常可以看到，孩子們在說大部分的狠話、髒話的時候，往往是笑瞇瞇的，就像是在玩遊戲一樣，並沒有與那些詞語配套使用的表情，所以他們說出的話也是沒有任何惡意的。只有當家長處理方式欠妥當時，孩子才意識到，原來這些語言是具有殺傷力的。意識到這點之後，孩子就會將它們當成一種武器使用。

也有許多孩子說髒話和狠話純粹是為了逗父母們玩，故意惹爸爸媽媽生氣，因為對於缺乏關心的孩子來說，讓他們生氣也是一種「關心」。當孩子們的髒話、狠話陸續登場，並且愈演愈烈時，許多父母都會覺得無從招架。大多數的爸爸媽媽會對孩子講道理，告訴他們這些話如何不好，不能說。當發現勸說無效時，體罰、喝斥等種種行為會讓孩子們覺得很「有趣」和好奇。孩子天生都是小小外交官，他們很清楚爸爸媽媽並不是真的捨得打他們，因此象徵性的喝斥和體罰會讓他們覺得很好玩，就像爸爸媽媽和他們玩的遊戲一樣。於是，孩子就透過這樣的方式與爸爸媽媽互動，完成了他們所期待的遊戲，並且「長盛不衰」。

即使因為這種行為，家長真的體罰了孩子，在他們幼小的

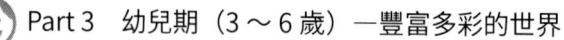

Part 3　幼兒期（3～6歲）—豐富多彩的世界

心裡會對爸爸媽媽做出如此反應而感到好奇，這直接導致他們繼續在別人面前上演同樣的戲碼，用他人的反應來驗證這種語言的力量以及爸爸媽媽反應的真實性。因此，面對孩子說髒話和狠話的時候，不要一味地勸說和體罰，這些都是沒有效果的。倘若父母在勸說的過程中使用類似威脅的狠話，如「你如果再不改好，就滾出這個家」，孩子的行為就更難消除了。

那麼對於孩子張口就來的髒話、狠話，只有聽之任之了嗎？也不是。下面兩則故事或許可以帶給我們啟示。

故事一

一天，一位女士在會所外面等人，遇到一個小女孩，覺得她很可愛就一起玩了起來。小女孩剛開始還是很友好的，後來不知道因為什麼，突然冒出一句「我要殺死妳」。聽了小女孩的這句話，那位女士雖然有些吃驚，但是從她清澈的眼神中可以看出，小女孩並沒有惡意。

於是，女士就和小女孩說道：「是嗎？但是如果我被殺死了，妳就再也看不見我了，到時候誰陪妳玩呢？」小女孩不解地問道：「那妳去哪兒呀？」「我沒了啊。」女士回答。小女孩聽後接著說：「那我要把妳砍斷。」女士還是沒有生氣，依然有趣地回答：「我要被砍斷了，就需要用膠水把自己黏好。要是黏不好就麻煩了，我就死掉了。」小女孩仍然不死心：「那我把妳的頭砍下來。」「那我的頭一定很傷心，因為它不能跟我的身體在一起了。」……

第二節　臭媽媽、屁爸爸

故事二

朋友家有一個4歲左右的孩子，最喜歡用「屁」、「臭」等詞語。一次小傢伙和媽媽去一位阿姨家做客，見到阿姨的時候，媽媽提醒他叫阿姨，誰知道孩子一張口就來了句：「屁阿姨。」媽媽覺得很尷尬，馬上想要喝斥孩子，這位阿姨對媽媽使了個眼色，阻止了媽媽批評他，轉頭柔聲對孩子說：「你知道ㄆㄧ有幾種寫法嗎？」

孩子以異樣的眼神看著她，顯然沒有想到阿姨會是這樣的反應。後來阿姨找來紙筆，和孩子一起蒐羅那些發音為「ㄆㄧ」的字──P、屁、劈、闢、癖、僻……並結合生活中的一些有趣的事情，和孩子一起討論了這些字的用法。那一天，孩子在阿姨家玩得非常開心。

在上述兩個故事中，孩子們最終都改變了愛說髒話和狠話的習慣，但是也可以發現，故事中的大人自始至終都沒有和孩子講道理，或告訴孩子這樣說話會不受歡迎等話語，只是平和而溫柔地換種方式對待孩子，並且透過自然呈現的後果或者是轉移注意力的方式讓孩子發現說那些話是不恰當的，還有比說這些話更有意思的事情。其實孩子說髒話和狠話只是詛咒敏感期的一個正常現象，並且是一個階段性的行為，家長無須為孩子們的話而感到大驚小怪，平淡冷靜地面對是處理孩子此類行為的最好辦法──當孩子發現他們的那些話並不會引起別人太大的反應時，會覺得這並沒有想像中的好玩，因此很快就會放

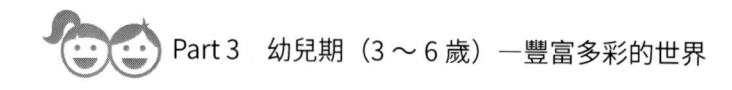

棄，將注意力轉向其他更有趣的事情上面。

當然，淡定地面對處在詛咒敏感期的孩子，並不等於可以帶著賞識的表情看待他們的這種行為，或者以欣賞的語調談論這些話題，甚至是重複他們所說的話語。這是截然不同的做法，並且不可混淆，因為它們所帶來的效果也是大相逕庭的。三四歲的孩子理解力遠比我們想像的要強得多，他們也很容易能夠從大人的表情和語氣上判斷出好與不好。如果父母們對這種行為表示讚賞，他們或許會更加「賣弄」這一本領；如果孩子在清楚界線的前提下依然說髒話、狠話，那就說明他在挑戰規則，這時就需要家長來告訴他這些話是不受歡迎的，以及可能帶來的後果。另外，父母們還可以告訴孩子哪些行為會更加受人歡迎。

總而言之，對於這個時期的孩子，既不要讓他們因為不被接受的行為受到更多的關注，或者達到他們所期待的其他目的，也不要太漠視或者錯誤對待孩子。請相信每一個孩子都是好孩子，並且一定能夠成長為好孩子。

第三節　我有許多許多好朋友

「朋友」是一個非常溫馨的詞語，每個人一生中都會有不少的朋友，朋友可以帶給我們快樂，也可以為我們提供精神上

第三節　我有許多許多好朋友

的支持。因此，對孩子來說也不例外，在很小的時候，父母就希望他們也能夠有自己的朋友。然而，對於心智還沒有完全成熟，眼裡心裡只有自己的兒童，讓他們學會交朋友可不是一件簡單的事情。你的孩子會交朋友嗎？3歲半的樂樂在某一天就給了媽媽一個大大的「驚喜」。

樂樂平時性格比較內向，不太喜歡說話，每次媽媽帶他出去和小朋友們玩時，他總會怯生生地躲在媽媽的後面。剛上幼稚園時，樂樂還哭鬧了好幾天，儘管媽媽告訴樂樂很多上幼稚園的好處，比如有更多小朋友可以一起玩耍，還有親切的老師帶著一起做遊戲。但是樂樂還是不願意上幼稚園，經過一段時間的努力，樂樂適應了幼稚園，再也沒有說過不想上。

一次，媽媽接樂樂放學回家，他心情非常好地告訴媽媽：「我在幼稚園裡有許多許多的好朋友，然然是我的好朋友，浩浩也是我的好朋友，還有佳佳、帆帆……我有一大堆好朋友。」媽媽很驚訝，她就問樂樂：「你怎麼有那麼多好朋友啊？你可以和媽媽說說為什麼他們是你的好朋友嗎？」樂樂很開心地回答道：「我今天和浩浩一起玩玩具，和然然比賽跑步，和佳佳還有帆帆一起玩家家酒，所以他們都是我的好朋友……」原來，在樂樂眼裡，一起玩耍就可以交到朋友，對此，媽媽也為他交到這麼多的好朋友而感到開心。

其實家長不用為孩子會不會交朋友而擔心，就像樂樂一樣，到一定階段後他們就會交朋友，只不過他們有自己的方

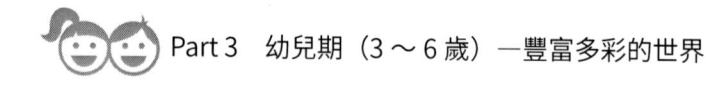

式。人從出生開始，就有了與外界互動和溝通的意願，它會隨著年齡的增長而變得日漸強烈，並且逐步表現為渴望與他人交往，因此在兒童3歲左右時會形成一個社交敏感期，尤其是上了幼稚園之後，他們會有越來越想與同儕交往的需求，藉此來排解內心的孤獨感。在與同儕交往時，從他們所表現出來的態度中完成對自己的評價，產生興奮或失落的情緒，從而進一步調整自己的行為。3～4歲的孩子會逐漸對身邊的小朋友分出親疏遠近，並逐步建立起自己的社交圈。

這個時期的幼兒有3種常見的交友方式。第一種是透過分享食物或者玩具來交友。生活中我們會經常看到一個小孩因為和另一個小孩分享認為好吃的食物，一起玩上好長時間，但是這種「友誼」也會隨著食物的消失而消失，比如下次再見面時因為沒有了食物的紐帶，兩個人就不做「朋友」了，這種情況孩子自己也會發現。所以想維持這種交往的時候，就會想其他的辦法來讓「友誼」延續下去，比如分享自己心愛的小汽車。玩具的存在以及不易消失性會讓孩子們在一起玩的時間更長，這就是孩子總要拿著同樣的一個玩具去找其他小朋友玩的原因。

第二種是透過交換物品來交友，並且是「不等價交換」。比如：一個幼稚園小班的兒童放學回來後拿了張漂亮的貼紙，並且興奮地向媽媽展示，當媽媽問及貼紙是哪裡來的時，他說是拿自己的小汽車換來的。這種交換在成年人看來或許是「不等價」的，但對於孩子來說，卻因為交換玩具——將自己心愛的物品

第三節　我有許多許多好朋友

送給對方，表達了對對方的好感，也因此變成了「好朋友」。

第三種是透過爭搶玩具來交友，這也是最容易引起別人誤解的一種方式。在生活中我們有時會遇到這樣一種情形：當一個小孩正拿著自己的玩具玩得開心時，旁邊突然來了一個小孩二話不說就把玩具搶了過去，搶過去之後他也不玩，而是看著被搶的小孩，甚至引他來奪回去。這種行為通常讓人覺得很「可氣」，其實，對於搶玩具的孩子來說，他只是為了引起別人的注意而已，他是用這種不恰當的方式讓自己多一個「玩伴」──這就是他們的交友方式，在孩子眼裡，「一起玩」就是朋友。

如此，我們也可以看出，其實孩子們心目中的「朋友」和成年人的朋友是不一樣的。在這個年齡層，孩子還沒有開發出成年人的社交能力。他們還處在自我中心的階段，沒有足夠的同理心去替他人著想或與他人和平共處。對於大多數幼兒來說，現階段的「我」是唯一重要的人，這也是他們衡量與周圍所有人包括爸爸媽媽關係的一個重要準則。對於他們來說，能夠陪他們玩，讓他們開心的人，就是他們的「朋友」，而且他們會採取任何可能獲取這一滿足的方式，只要能夠滿足他們的需求。他們的世界裡還沒有給予的概念，也沒有正確和錯誤之分，因此完全沒有任何「社交風度」可言，他們甚至無法控制自己的衝動行為，比如丟掉其他小朋友的玩具、把別人的積木踢倒、被逼急了捏別人手等等。他們的「朋友」來得快，去得也快，而且換得特別勤。

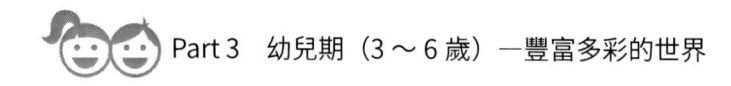

Part 3　幼兒期（3～6歲）－豐富多彩的世界

　　或許，用「玩伴」來代替「朋友」對他們更合適，但是這絲毫不影響孩子們社交意識和人際關係敏感性的形成。他們在這樣的環境中與「朋友」進行交往，從而也會逐漸學會分享與合作，學會替他人著想，學會用語言而不是攻擊性行為解決問題，總有一天，他們會真正地學會交朋友。

　　對此，家長們需要從小就對孩子做出耐心細緻的引導。首先，需要從小培養孩子積極主動的交往態度。父母是孩子最好的模仿對象，為了替孩子做出榜樣，父母在與人交往時也應該積極主動，親切有禮，如見人主動打招呼、盡量不與人發生衝突等，用自己的行為舉動潛移默化地對孩子的社交意識進行影響。此外，一個充滿愛和溫暖的家庭對於孩子的交往態度影響也很大。如果想為孩子創造出這樣的氛圍，就經常與他一起玩遊戲，為孩子培養一種喜歡與人交往的態度。同樣，在這樣的家庭中長大的孩子也會充滿安全感，這將有助於孩子更好地信任他人，主動與人交往。

　　其次，多為孩子創設一些良好的交往機會。比如多請小朋友到家裡做客，讓孩子體驗作為「主人」的優越感；帶孩子訪親會友，擴大他的接觸面，讓他有機會和各種人打交道，並體驗交往的樂趣。在孩子與他人交往時，尊重孩子的意願，並尊重孩子的朋友包括他們假想中的朋友，讓孩子體驗被尊重的同時，也體會到朋友帶來的樂趣。切忌不要代替孩子去交往。比如拿禮物去「賄賂」別的小朋友，讓其帶著自己的孩子玩；帶

孩子一起訪友時，不能為了面子說孩子內向、不喜歡和人交往等。這些都是對孩子交往能力的否定，容易給孩子造成心理陰影。

再次，提高孩子的語言能力，讓孩子懂得如何表達並且樂於表達。語言是一種最有效的交往工具，許多孩子正是因為不善於表達才會選擇用一些不友好的方式，因此家長要教會孩子語言表達的多樣性，讓孩子學會用語言去交朋友。同時還要告訴孩子一些交往時常用的禮貌用語，讓孩子體驗到語言的巨大魔力。6歲以前是孩子語言發展的重要時期，父母可以在孩子會說話以後，多和孩子交談，用給孩子講故事，鼓勵孩子自己講故事、編故事等方式，有意識地對孩子的語言表達能力進行訓練。

從次，要引導孩子掌握交往的技巧和規則。從懂禮貌、會合作、能分享、守規則等方面入手，教會孩子在與其他小朋友觀點不一致時懂得商量、遵守規則、輸了不能耍賴等。同時有針對性地訓練孩子發表自己的觀點，讓他理解溝通是解決問題的最好方式。對於孩子們之間出現的問題，父母要遵循一個古老的道理：讓孩子們用自己的方式去解決問題，而不是代替他們去解決問題。

最後，告訴孩子一定要學會寬容，因為寬容不僅是一種美德，而且能夠讓我們交到真正的朋友。

第四節　我是男生還是女生

4歲的孩子在別人問起「你是男生還是女生」時，他會毫不猶豫地回答出自己的性別，並且很少有出錯的時候。但是在這之前，他們有時心中也會有疑惑：為什麼我是男生（女生）呢？

孩子們的性別對於家長們來說，似乎是再簡單不過的事情了：男生就是男生，女生就是女生，這又需要什麼解釋和教育呢？但這顯然滿足不了孩子們的求知欲和探索欲，對於性別的探索是從他們開始發現自己與別人不同時。生活中我們常會見到這樣的場面：一個小女孩在看到小男孩尿尿時，驚訝地問道：「那是什麼呀？」同樣，小男孩也可能會問：「為什麼美美和我不一樣呀？」從這時候開始，孩子內心的性別意識就開始萌芽了。他們接下來會特別想要觀察自己和別人的不同，尤其是和異性身體上的區別，對於他們來說，這是件很神祕的事情。

對此，許多家長可能會覺得很尷尬，也可能會對孩子觀察異性身體的行為進行喝斥，有些則簡單地用「羞」來阻止孩子的這一探索行為。無論對於成年人，還是孩子，越禁止越有效這一心理定律都是屢試不爽的，他們也會因為父母的禁止而變得更加好奇，也會因此做出一些讓父母們覺得更加不知所措的行為。因此，在孩子性別意識萌芽時，家長對他們進行正確的性別角色教育是非常有必要的，這不僅關係到孩子這一階段好奇

第四節　我是男生還是女生

心和探索欲的滿足，還關係到孩子日後正常的社交、戀愛、婚姻、家庭生活，影響到其健康心理的發展以及健全人格的養成。

性別意識也是自我意識的重要內容之一。伴隨著幼兒自我意識的覺醒，他們的性別意識也會隨之萌芽。兒童的性別意識包括性別辨認、性別角色和性別概念三部分。其中，性別辨認是最早表現出來的，即意識到並承認自己或他人所屬的性別，如「我是男生，美美是女生」；意識到自己或別人屬於何種性別後，接下來就按照性別角色做事，如孩子可以透過故事、說話或者是扮演遊戲中的角色對自己或他人說明自己是男生還是女生。他們也會漸漸明白，做什麼樣的行為才會得到人們的讚許、討人喜歡，從而逐漸使自己的行為符合社會承認的性別角色。性別概念則是對具體的行為方式的抽象認知，它的形成需要較長的歷程，幼兒期涉及較少。幼兒期對孩子進行性別意識培養，需要按照他們的年齡和階段特徵對其進行循序漸進的引導。

首先是對幼兒性別辨認的培養。在幼兒 3 歲左右性別意識剛剛萌芽時，他們最好奇的就是「為什麼自己是男生或者女生」、「男生與女生有什麼區別」，在這個時期對幼兒性別意識影響最大的就是父母。幼兒心理學專家曾這樣分析，2 歲半到 3 歲之間，孩子就應該知道自己是男生還是女生。如果有人把女生叫成「小弟弟」，她會感到不安，甚至會糾正別人：「我不是男生，我是女生。」但是這時的孩子還不理解，性別標誌是一大群人都

Part 3　幼兒期（3～6歲）—豐富多彩的世界

有的一種共同特性，而且這些標誌通常不會改變。他們只知道性別和名字是屬於自己的，所以會特別介意別人將自己的性別說錯。

到了3歲以後，孩子們會慢慢地發現一些可以進行性別辨認的外在特徵，如頭髮的長短、衣服的花色等，因為生理上的性別特徵在現實生活中總被遮蓋著，所以他們很少會將其作為判斷性別的依據。這樣就導致了他們在小便時遇到男女同廁會發生不正常反應——很多小朋友原來和自己是不一樣的。這時他們會非常好奇，而作為父母或者幼稚園老師應該明確地告訴孩子，生殖器官和眼睛、鼻子、心臟一樣都是人體不可缺少的器官。同時還要告訴孩子因為性別不一樣，所以他們才有區別。孩子們都是天真無邪的，較早地讓他們知道一些性別知識，要比他們在懂得了害羞，或懂得了成人的忌諱之後，才去自己思索要好得多。

在幼兒的集體活動場所裡，如在幼稚園，老師應該讓孩子們按性別分組上廁所，午休時間盡量讓男孩和女孩分開睡，雖然沒有必要分得「清清楚楚」，但是一些必要的區分對待也能讓孩子們更快地適應性別角色。

在幫助孩子們認同性別角色上，近年來有一種流行的方式叫做「雙性化」教育，這種方式避免了「單性化」——對孩子進行單一的性別教育時所帶來的片面性和副作用，教會他們既明白自己性別的特徵和優勢，也認識到異性的特徵和優勢。這種

第四節　我是男生還是女生

教育方式鼓勵孩子們透過自然而然的接觸，在發揮自己性別優勢的同時，注意向異性學習，克服自己性格的「軟肋」，進而促進身心的全面發展和人格的日趨完美。如男孩可以多多學習女孩的細心、善於表達和善解人意，而女孩則可以多多學習男孩的剛毅、堅定和開朗。

在引導孩子樹立正確的性別意識時，父母也應該以身作則。這不僅有助於孩子性別意識的形成，同時也有助於建立正確的性別意識和身體隱私意識。

介紹一個生活中比較常見的案例：

一天，爸爸拿著衣服正準備進浴室洗澡，4歲的敏敏跑過來抱住爸爸說：「總是媽媽幫我洗澡，今天我要和爸爸一起洗。」敏敏還小，自然不會想太多，這可難住了爸爸。想要再幫她洗一次吧，可是又覺得敏敏大了，萬一以後對其他成年男性也沒有戒備心怎麼辦？簡單拒絕吧，又怕傷了敏敏的心，畢竟小的時候也替她洗過很多次澡。最後，爸爸徵求了媽媽的意見後，對敏敏說：「敏敏長大了，要知道女生的身體有很多小祕密呢，不能隨便給別人看，尤其是不同性別的人。爸爸雖然愛敏敏，但是也要尊重敏敏，所以就不幫敏敏洗澡了。」媽媽也順勢說：「來，敏敏還是和媽媽一起洗澡吧，順便說說我們身體的小祕密。」敏敏聽後，高興地和媽媽一起洗澡去了。

對於孩子來說，尤其是幼小的孩子，他們的內心還沒有建立起正確的性別意識和身體隱私意識，尤其是在爸爸媽媽面

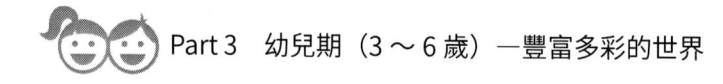

前。但是父母不能因為孩子不注意，就覺得沒什麼大不了的，需要盡快幫助孩子適應性別意識產生後帶來的心理上的變化。案例中，敏敏爸爸沒有一味地溺愛孩子，也沒有簡單地拒絕孩子，而是先讓孩子簡單地了解男女的性別差異，建立起初步的身體保護意識後，再向孩子點明不能一起洗澡的原因。這樣一來，孩子不會因為被拒絕而感到委屈，又能體會到爸爸對自己的尊重。另外，媽媽也對孩子表示了關心，進一步緩解她的情緒，趁機給孩子講解更具體的性教育知識。這樣的配合方式，值得每一位家長學習。

總而言之，男女的性別雖然是由染色體決定的，但是對於性別的辨認和性別角色的認同卻會在成長過程中受到養育方式、成人意識以及環境的影響，為了孩子能夠健康成長，請父母儘早對孩子進行性別意識培養，只有這樣，孩子才能夠真正健康地成長。

第五節 事事追求完美的孩子

都說處女座的人有完美主義情結，但是三四歲的孩子有的儘管不是處女座，卻也在生活中事事追求完美，比如：碗裡不能不乾淨，哪怕放的是自己馬上要吃的食物；餅乾拆開時不能

第五節　事事追求完美的孩子

有絲毫破損；心愛的小汽車任何一個部位和零件都必須是完整的等等。只要出現一點不「完美」，他就會哭鬧個不停。就像完美主義者會給身邊的人帶來壓力一樣，有完美主義傾向的孩子也會讓大人頭疼不已。

在某個幼稚園班級的課堂上，發生了下面的事：

美術課上，果果在畫花瓶油彩畫。過了一會兒他拿著自己的畫跑過來告訴老師：「老師，我畫錯了。」老師接過來一看，發現只是花瓶稍微小了點，但並不妨礙作品的完整，於是輕描淡寫地說：「不要緊，只是小了一點點。你可以在旁邊再畫一個大的呀！」果果還是不滿意，繼續說：「老師，我畫錯了，幫我換張紙吧！」說完眼巴巴地看著桌上的白紙。

「你沒畫錯呀，你在花瓶裡畫點花，不就顯得大啦？你要是覺得小，你也可以在旁邊再畫一個啊！」老師的勸說終於讓果果有一點動心了。他本來準備轉身走了，但是又站住了，停了一會兒毅然轉過身來，直接走到桌前，悄悄地拿走了一張白紙。

果果的舉動被其他小朋友看到，紛紛向老師告狀：「老師，果果換紙了！」「老師，果果拿你的紙！」再看果果，他正一臉不好意思地站在那裡，一聲不吭。為了不讓果果覺得尷尬，老師向其他孩子點點頭，示意老師已經知道了。

看到老師默許了果果的行為，其他小朋友也紛紛向老師要求換紙：「老師，我也畫錯了！」「老師，我也想換一張紙！」幾乎半數的孩子都要求換紙，僅僅是因為有一筆或幾筆畫得不理想。

133

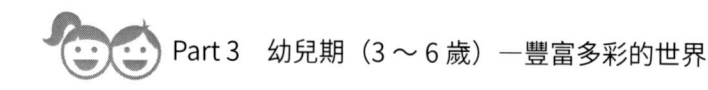

Part 3　幼兒期（3～6歲）─豐富多彩的世界

　　這樣的事情在日常生活中還有很多，是孩子在鬧著玩還是太調皮？抑或是孩子故意找麻煩？其實這些都只是表象而已，真正的原因是孩子們已經進入了「完美敏感期」──對他們心目中的「完美」表現出一種特別執拗的渴望，從要求食物完整發展到對所使用的用具、周圍事物都追求完美，每一件事情都不能出錯。追求完美是孩子的天性，也是人類的天性。因為完美可以帶給人精神上的愉悅，所以兒童出現追求完美的傾向也表明他們的精神世界開始走向豐富和深入。

　　同時，孩子們追求完美也是因為他們內心開始有了自己的審美標準。當孩子關注物體的體積和形狀時，他們也開始了對物體形式的審美。孩子們之所以喜歡一個物體和它的形狀，是因為這種形狀帶給他們審美上的愉悅。這對於孩子們來講就像發現了新大陸，讓他們感到歡欣，並且因此受到鼓舞。當有人破壞了這種形式時，孩子內心的愉悅感也就受到了破壞，如果家長沒有達到他們對事物形式的要求，他們就會因此大發脾氣和哭鬧。這些雖然讓成年人覺得不可理解，但是孩子就是在完整與殘缺的對比中，建構起自己內在對於美的感受和需求。

　　完美敏感期對孩子的心理發展發揮著至關重要的作用，追求完美是一種內在的、自律的力量。如果在這個時期，孩子追求完美的心理得到滿足，他們就會產生「完美自律」。這種自律性在孩子稍大點，比如上國小之後就會表現出來：當孩子做作業、畫畫、做練習時，孩子都會力求做到讓自己滿意。許多孩

第五節　事事追求完美的孩子

子在成年以後做事嚴謹，這都和兒時「完美敏感期」的發展有著密切關係。

凡事都有兩面性，都有一個分寸，過猶不及。我們都知道，對完美的過分追求會給自己和身邊的人帶來很大的壓力。對於尚在童年期的孩子來說，家長尤其不願意讓他們表現得過於追求完美，對此應該如何去引導他們呢？

首先，家長應對孩子的「完美主義傾向」有一個正確的認知。完美是孩子成長過程中的一種心理需要，只要能夠控制在一定的範圍內，不影響他們的正常生活和活動就可以。因此，對於孩子表現出的對完美的追求，在大方向上可以盡量去順應，比如做點心、麵食、菜品等方面，可以相對來說做得小巧一些，就可以給他們完整的物品；當孩子因為餅乾碎了而不想再吃的時候，就別再勉強他們吃碎掉的餅乾。這不僅是對孩子完美心理的一種尊重，同時也是為了讓他們明白自己有追求美的權利。

對於孩子表現出來的過度追求完美，家長應該密切關注孩子的動向，及時去查詢原因。比如有些孩子因為以往的能力較強，受到的表揚比較多，沒有經歷過什麼挫折，甚至是家長本身就是這麼要求孩子等因素造成的，但只要及時給予糾正，讓他們不必這麼苛刻地要求自己。一方面要多跟孩子講道理，讓他們知道人人都會有缺點和錯誤，不可能樣樣都做到最好。對於他們的表現，既不要過多表揚，也不要過於忽視，要表現出

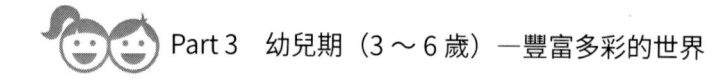

Part 3　幼兒期（3～6歲）—豐富多彩的世界

不太在意。另一方面，家長平時也要以身作則，在生活中不要表現得過於苛求自己和孩子，要引導孩子適當轉移注意力，不要過分注重競爭的結果，透過讓他們參加豐富多彩的活動多與人交往，培養活潑開朗的個性。

其次，幫助孩子建立更多的審美標準。正如事物的完美性會隨著觀念的不同而不同，也會隨著觀念的發展而發展一樣，兒童認為不完美的事和物，在成年人眼裡也可能是美的，比如殘缺。無論是成年人還是兒童，最重要的是要儲存對於完美事物的感覺，標準不重要，它也可能會改變。因此，當孩子們對於完美過度苛求時，家長可以藉此進行引導，讓他們建立更多美的標準，這樣既可以讓身邊的人輕鬆，也可以讓他們自己輕鬆。

家長可以幫助孩子建立一個參考標準，以緩解他們內心過高的標準。比如當孩子想要獨立搭建一個複雜的積木城堡時，他可能會因為城堡的牆不夠順直而生氣，也可能會因為沒有他設想中的大橋而把搭好的積木推倒，然後哭鬧，這時爸爸媽媽應該明白孩子是因為過於追求心目中的完美才會如此。此時父母不妨表揚一下孩子已有的成就，並且告訴他，在你這麼大的時候爸爸媽媽還搭建不了這樣有創意的城堡呢。這樣，孩子既能從父母的表揚裡得到安慰，同時又可以在假象對比中獲得心理上的滿足，在無形中孩子對於完美的標準就會逐漸改變。

家長還可以引導孩子樹立新的審美標準。許多小孩吃食物的時候都會要求其完整性，這樣的形狀可以給他們帶來一種心

理上的滿足,但是在食物不完整的情況下,就要引導孩子去創造美、發現美。比如孩子面對半個餅而哭鬧時,媽媽不妨試著引導他們:「你看這半張餅像不像一個月亮呢?」或者引導他們用嘴巴將它啃出一個月亮的形狀,這樣在他們的心目中,半張餅也會是完整的——因為它是一個彎彎的月亮。

家長可能永遠也想不明白在孩子幼小的心靈裡,他們對完美是多麼的渴求,所以一定要小心,不要破壞了孩子內心的完美。即使不小心破壞了,也要負責重新將其找回。保護孩子對完美的需求,就是保護人類提升自己的需求。

第六節 我是第一名

3歲後的某一天,孩子突然學會了和別人比較。他可能會在放學的時候興奮地告訴媽媽:「今天我跑步得了第一名」、「我今天吃飯是第一名」、「老師今天誇獎我被子摺得整齊」、「我今天積木堆得最高」……當然他也可能會失落地告訴媽媽:「我今天一個稱讚都沒有。老師都誇別的小朋友了,為什麼不誇我呢?」對於爸爸媽媽來說,他們實在不知道寶貝們為什麼喜歡比來比去,那些競爭所帶來的快樂與悲傷在孩子幼小的心靈裡究竟意味著什麼?

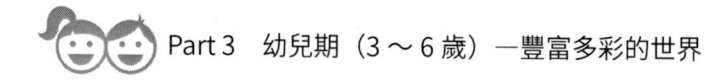

Part 3　幼兒期（3～6歲）—豐富多彩的世界

　　這種比較，或者說是競爭，對於 3 歲以後的寶寶來說非常普遍，並且隨著年齡的增長，內容也變得包羅萬象，如誰可以把小車車騎得更快？誰會把鞦韆盪得更高？誰能夠更長時間地保持平衡？有些孩子甚至連第一個吃完飯、第一個上完廁所、第一個睡著覺這些小事也要爭個高下。

　　其實，事事爭做第一也是很累的。有些孩子會在競爭的過程中產生壓力，甚至覺得疲憊。

　　貝貝上幼稚園時，媽媽想督促他做事迅速些，就告訴他每天早一點去幼稚園才能做第一名，並告訴他做第一名的許多好處，比如可以從容地吃早餐，可以在吃完早餐後第一個玩耍，甚至還可以考個好大學等等。儘管孩子在這個年齡層還不知道這些事的意義，但為了讓媽媽滿意，孩子都會盡力去做。於是貝貝每天在媽媽的催促下起床、刷牙、洗臉、背上書包去幼稚園，沒過兩天他就不樂意了，哭著對媽媽說：「媽媽，我不要做第一名了，第一名太累了。」在媽媽的一臉詫異中，貝貝哭鬧著達到了自己的目的。從此以後，貝貝做任何事情都不再提第一名。

　　孩子究竟該不該有競爭意識？讓我們先來了解競爭對於他們來說意味著什麼。

　　競爭意識是孩子自我意識發展過程中的一種顯現，它與幼兒的自我意識緊密相連，自我意識只有在與他人的比較之下，才能夠更清晰地顯現出來。幼兒期是孩子自我意識發展的關鍵期，幼兒需要擁有與他人區分開的、獨特的、私有的經驗，來

第六節 我是第一名

確定和顯示自己的獨立人格,這種需求是透過競爭來實現的。

科學研究也發現,孩子在 3 歲半以後,競爭意識開始變得日益強烈,透過不斷地和他人參照、不斷地更改「參照係數」——評判標準、不斷地用比較來評價別人和自己。「競爭」對於他們來說,是一種本能,也是不可或缺的。孩子們在競爭中才能學會評價自己和別人的能力;學會與他人相處(競爭也是人類交流的一種方式);學會面對壓力;學會自信;學會應對失敗和成功;學會自我展現等等。

因此,競爭對於孩子們說,首先,意味著它是認識自己的一種方式。3 歲以後的孩子會慢慢理解:我是一個人,雖然個頭很小、力氣也沒有爸爸媽媽大,但是也可以自己做一些事情了。於是他們學著嘗試新鮮事物,確定一些比較的標準——可以是別人,也可以是以前的自己,以此來看看自己的能力究竟達到了什麼樣的水準,他們在這種比較中完成自我認識以及更深層次的探索。

有些家庭的孩子是獨生子女,沒有兄弟姐妹做比較,只能以父母為座標測量自己。這樣的孩子會有兩種比較極端的傾向,要麼極度自信——我做的任何事情都很偉大,獨一無二;要麼認為爸爸媽媽什麼都比他做得好(如他們可以用積木把塔樓蓋成 1 公尺那麼高,塔樓都不會倒塌),這也會讓寶寶產生挫敗感。只有透過和同齡的孩子們比較,他才會形成一個現實的認知,這也是孩子們為什麼喜歡和同齡的小朋友們比較的原因。

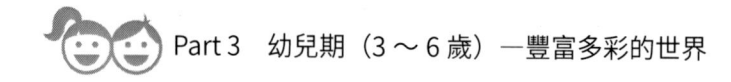

Part 3　幼兒期（3～6歲）—豐富多彩的世界

比如同樣是搭積木，只有兩個人差不多大才可以形成一個真正的比較：是我堆積木堆得高，還是其他小朋友堆得高？別人能做到的是不是我也能做到？以其他小朋友為鏡子，孩子們才能更好地認識自己。

其次，競爭對於孩子們來說還是一種自我評價的依據。兒童心理學家認為，大約在4歲的時候，兒童能夠根據經驗進行自我評價，這種評價的依據就是競爭。對於孩子來說，大大小小的事情——包括遊戲、吃喝拉撒，它們都可以分個第一、第二。儘管我們成年人都知道所有的競爭中只有一個第一名，但也會有相對應的倒數第一名，但是孩子可不管這些，他們只需要比一比、試一試，知道自己是第一名就行。他們會為自己取得的成果而沾沾自喜，並且在這種經驗中累積自信。同樣，經常在比較中失敗的兒童也會因此而沮喪，漸漸變得不夠自信，這些則需要父母和老師給予積極的鼓勵和引導，讓孩子看到第一不是唯一，雖然這次沒有取得第一名，但是其他地方（最好是有一個具體的所指，比如美術）同樣做得很棒。

競爭對於孩子們來說，就像是一個刻度表一樣，它代表和記錄著孩子們成長所達到的階段。孩子可以透過和他人比較、競爭了解到自己可以做些什麼，自己的能力在同齡小朋友中發展得如何，也了解到自己能做到的事情，別人也可以做到，每個人都可以「有所作為」。所以，對於孩子們產生的競爭意識，父母無法阻止，阻止也是沒有任何意義。只要他們的競爭動力

是來自孩子自身，父母就不用擔心競爭會給孩子帶來壓力，會讓孩子們變得很累，要相信孩子們有自我調整的能力——這也是他們獨立成長所必須擁有的能力之一。

為了讓競爭對孩子們的成長產生積極的意義，也為了避免孩子走入過度競爭的失誤，家長需要引導和培養他們正確的競爭意識。

首先，培養孩子正確的競爭意識，需要培養和發展孩子自身的個性。競爭對於孩子來說，既是激發潛能的一種刺激，也是盡心做好事情的一種動力。但它也是一把雙刃劍，運用不好也可能會阻礙孩子正常的心理發展。心理學研究顯示，個性與面對競爭時的態度有著緊密的連繫。具有良好個性的孩子，對待競爭問題會更理智、更積極。反之，則容易被競爭所累。因此，家長要從孩子本身的性格特點和興趣特長出發，培養孩子完善的人格，使其具備更強的競爭能力。

培養和發展孩子自身的個性，除了增強競爭能力外，也要讓他學會更好地看待競爭。一些特別注重自我意識、忽略別人感受的孩子，雖然在競爭中可能取得勝利，但是在與人相處中卻可能會失意。這時他們可能會了解到，如果為了爭第一，而令別人不開心，就可能會失去友誼。因此我們可以讓孩子明白，與別人一爭高下並不是競爭的唯一方式，也不是競爭的最好方式，真正的競爭應該是勇於向自己的能力極限發出挑戰。

其次，培養孩子正確的競爭意識，需要端正孩子競爭的心

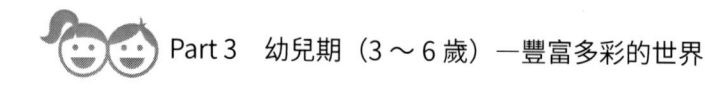

Part 3　幼兒期（3～6歲）—豐富多彩的世界

態。如果家長對孩子競爭欲望過強而感到憂慮，應該先幫孩子端正心態，要讓他們明白，一方面，競爭是展示自身實力的機會，是件美好的事；另一方面，要學會用從容的心態去看待超越和被超越。參與競爭的意義之一，就是學會有風度地接受失敗，並且誠心實意地祝福對手。在競爭中贏得勝利固然值得驕傲，但和同伴之間團結合作的精神，更是不可或缺的特質。家長們在日常生活中，也要用自身行動做出良好的示範，潛移默化地影響孩子。

最後，培養孩子正確的競爭意識，要鼓勵孩子勇於表達自己的內心感受，並且尊重孩子做出的選擇。告訴孩子可以用自己的價值觀去判斷是非，也可以用自己的方式去實現所追求的目標，要相信自己的能力。一個人的自我價值並不是只能透過競爭來展現，當孩子盡了最大的努力成為一個贏家或者輸家後，要讓孩子記住這種感覺和經歷，做一個繼續努力的贏家或毫不氣餒的輸家，而不是過分注重競爭本身。

第七節　會講故事的「頑皮鬼」

你家的寶貝喜歡閱讀嗎？他是否會自己講故事呢？

一位幼稚園的老師在一次家長會結束後，對一位4歲半的孩子的媽媽說：「你們家天天特別棒，這週是我們幼稚園的繪本

第七節　會講故事的「頑皮鬼」

週，一次上課時我問小朋友們：『平時都是老師跟你們講故事，今天老師也想聽小朋友們講故事，誰來跟大家講個故事呢？』這時天天第一個舉手站起來說：『老師，我想跟大家講故事。』被請到前面的小天天拿起一本帶到幼稚園的繪本，繪聲繪色地給大家講起了故事：『小綿羊生氣了。小綿羊莫莫和莫莉是一對好朋友……』天天講得特別好。」聽到老師的陳述，天天媽媽也覺得很欣慰，自己家的頑皮鬼竟然會講故事了，不枉她一番苦心。

據天天媽媽介紹，天天在不滿3歲時就表現出了對繪本故事的巨大興趣，總是不厭其煩地讓她講同一個故事，直到故事情節他自己看著畫面就可以複述出來才讓換書；到3歲半左右，天天的閱讀興趣就更廣了，他不僅喜歡各式各樣的繪本，還喜歡一些帶插圖的名著故事——雖然他不認識字，但是他總會央求爸爸媽媽讀故事。每天講睡前故事已經成了天天的一個習慣，即使是哪一天媽媽沒有時間講，天天也會將選好的故事書看上好幾遍，就像是自己閱讀一樣。而且，天天的這個習慣已經堅持了兩年左右。

其實，並不是只有天天才擁有這個好習慣，很多像天天一樣大的孩子，他們雖然平時很淘氣，是不折不扣的「頑皮鬼」，但是當他們安靜下來時，也會認認真真地去看書，這在孩子們的成長過程中是一個必經階段。大部分兒童在4歲半至5歲半時，會進入一個「閱讀敏感期」，在這個時期他們會特別喜歡聽故事、講故事、自己看書，甚至是自己編故事。一些教育專家

Part 3　幼兒期（3～6歲）―豐富多彩的世界

也認為：「6歲之前較6歲之後更容易讓孩子愛上閱讀。」

這在成年人看來似乎有點不可理解，因為現在就連成年人也都不怎麼閱讀了，必要的閱讀總是伴隨著一定的目的性和實用性。孩子們為什麼會如此喜歡閱讀呢？這是因為隨著年齡增長，他們眼中的世界變得越來越豐富，與此同時，探索欲和求知欲也在不斷地提升。相對於日常生活中的場景來說，故事中的場景和人物會讓他們感受到另外一種新鮮感，並且伴隨著孩子們日益豐富的想像力，書籍好像帶他們進入了另外一個世界，這些都會讓孩子們感到興奮，他們愛上閱讀也是自然而然的事情。

孩子們的閱讀是一種髮自內心的興趣，因此他們會積極主動地去進行、去學習，絲毫不會覺得枯燥和乏味。閱讀的興趣也影響了閱讀的效果，透過閱讀，孩子們開闊了眼界、增長了知識，觀察力、想像力和思維力以及表達能力都得到了發展與進步，這種進步會使孩子們更喜歡閱讀。可以說，它們之間相互促進。另外，閱讀還可以促進孩子情感、社會性等方面的發展。美國心理學家特曼（Lewis Madison Terman）的一項研究成果顯示，有44%的天才男童和46%的天才女童都是在5歲以前開始閱讀的。

儘管孩子們的閱讀興趣會受到閱讀敏感期的影響，但是並非全都如此，有些孩子對於閱讀的興趣會表現得相對弱一些。這是因為興趣不是天生的，而是在一定客觀環境影響下和一定需求的基礎上，透過社會實踐形成與發展起來的。孩子在閱讀

第七節　會講故事的「頑皮鬼」

敏感期內對於閱讀的興趣也會受到讀物、父母的閱讀習慣和周圍環境的影響。因此，父母在對幼兒閱讀興趣進行引導和培養時，需要根據他們的心理特點和習慣形成、發展的規律，採用多種方式有意識地培養和激發孩子的閱讀興趣，讓他們把閱讀當成一件快樂的事情。

對於兒童讀物的選擇，要清楚地知道他們的思維發展正處於直觀形象思維階段，選擇閱讀材料應以直觀形象的圖畫材料為主，比如繪本；在閱讀時更注重材料的趣味性和畫面的生動性；閱讀的目的是從閱讀過程中獲得樂趣；更喜歡重複閱讀是因為已經熟悉其中的內容；喜歡具有人性化、擬人化的童話故事等。因此在替孩子挑選圖書時，根據這些特點來挑選孩子愛看的讀物。

孩子常常會對讀物有自己的要求，他們的需求也容易受環境的影響。例如孩子喜歡看卡通《天線寶寶》，那麼他在書店裡看到相關的書時，也會愛屋及烏地纏著父母買。只要這類讀物內容健康、適合孩子，就可以放手讓他們來挑選。

為了培養孩子的能力，家長也可以有目的地為孩子挑選一些書，比如想培養孩子的語言表達能力，不妨選擇一些詩詞、兒歌之類的書籍；想讓孩子建立起科學的觀念，就可以選擇一些內容科學的讀物，如幼兒大百科全書之類的。這些不僅能夠幫助孩子從小建立起關於周圍世界的科學觀念，還可以讓他們掌握一些科學常識，培養生活中科學的習慣。

Part 3　幼兒期（3～6歲）─豐富多彩的世界

　　面對市場上琳瑯滿目的幼兒讀物，家長要注意選擇內容生動、印刷清晰的繪本，這不僅是對孩子視力的保護，也是對孩子心靈的保護。對於孩子來說，他們尤其喜歡那些誇張、奇特、擬人化、趣味性強的讀物。

　　除了為孩子挑選合適的讀物，父母自身的閱讀習慣和陪伴也是很重要的。現代社會，電子閱讀已經逐漸代替了傳統紙本閱讀，大部分的家長都喜歡用手機閱讀，在孩子眼裡，看手機就是玩手機，既然手機對爸爸媽媽的吸引力如此之大，我們又怎能要求孩子不玩手機而去閱讀呢？因此，家長們應該放下手機，和孩子們一起閱讀，這是我們能為孩子做的最簡單也是最重要的事情了。而且父母的閱讀習慣和規律也會對孩子起到一種潛移默化的影響，在一個學習氛圍濃厚的家庭裡，孩子會情不自禁地愛上閱讀。

　　與孩子有過共讀經歷的父母，一定會被這樣要求過：「再講一個故事吧。」雖然聽後微微有些疲憊，但也一定會感受到孩子當時的幸福。忙碌的社會培育了忙碌的人，每天早出晚歸的爸爸媽媽，能陪孩子玩一會兒、聊聊天的時間屈指可數。所以當每天坐在孩子的床邊或將孩子抱在腿上共讀一本書時，不僅是在分享書中的內容，更是在傾聽孩子的心，感受孩子的成長。和孩子一起進行親子閱讀，不僅實現了閱讀的價值，賦予閱讀更多的意義，同時也讓孩子感受到了一種別樣的幸福，這或許也是孩子愛上閱讀的另外一個動力。

第七節 會講故事的「頑皮鬼」

最後,請用孩子喜歡的方式和孩子一起閱讀。他們喜歡的閱讀方式有以下幾種,可供家長們參考:

◆ **提問閱讀法**

帶著疑問去閱讀,可以提高孩子的閱讀興趣。如講述故事前可以先讓孩子自己先看一遍,然後在講到某個場景時邊讀邊問孩子,讓他們指出畫面中出現了什麼。他們可能會說錯,但是下次就會更加認真傾聽。

◆ **角色扮演法**

當孩子已經熟悉了書中的內容時,爸爸、媽媽和孩子可以分別扮演不同的角色來閱讀故事書。如讀《湯瑪士小火車》時,可以讓孩子扮演湯瑪士,媽媽扮演培西或其他小夥伴,然後根據書上出現的角色,說出各自角色所說的話。這不僅讓孩子覺得更有趣,也會讓孩子在角色扮演中提升語言表達能力,並提高注意力。

◆ **重複閱讀法**

孩子們經常會對自己喜歡的故事讓爸爸媽媽進行重複講述,反之,家長們也可以讓孩子重複。對於多次閱讀過的故事,父母可以讀出其中的一部分內容,再讓孩子看圖「讀」出另一部分內容。孩子們會在這種「讀」故事中獲得一種自我實現感,為「我也能讀書了」而感到高興。

Part 3　幼兒期（3～6歲）─豐富多彩的世界

◆ 想像閱讀法

當父母對孩子講完了某個故事或者某段內容後，可以讓他們發揮想像力，說出故事中的人物將會如何發展。如在講湯瑪士系列〈燈泡碎了〉的故事時，當講到湯瑪士由於開車太快導致燈泡碎了時，可以停下來讓孩子想一想為什麼湯瑪斯會把燈泡弄碎了？他可以採取什麼樣的辦法補救呢？孩子們在這樣的閱讀環境中不僅讓想像力得到了提升，創造力也得到了培養。

讓孩子愛上閱讀，其實並沒有想像中那麼難。只要時機合適，方法得當，「頑皮鬼」也完全可能會變成安靜的「小紳士」或「小淑女」。

第八節　天空中變幻的雲彩

你曾經和孩子一起觀察過天空中的雲彩嗎？對於許多年輕的父母來說，每當我們回憶起自己的童年時，看雲彩、數星星似乎都是一些很美好的回憶。這些對於現在正在經歷童年的孩子們來說也是一樣，天空對孩子們的吸引力總是很大，尤其是當他們看到天空中飄浮著許多變幻的雲彩時。

天空中的雲彩對於孩子們來說是變幻無窮的，它們有時像可愛的小動物，有時像凶狠的怪獸，有時什麼都不像──雲

第八節　天空中變幻的雲彩

彩在孩子的眼中是否可愛,是否變化多端,完全取決於孩子們的心情。孩子們不僅善於觀察,還會把觀察到的景象呈現在紙上。當我們看到畫紙上那一團亂七八糟的線條和形狀時,孩子會告訴我們哪些是烏雲,哪些是正飄過來的像小兔子一樣的雲彩。在孩子們眼中,看到天空中軟綿綿的白雲時,他們有時會覺得很像棉花糖,想抓一塊含在嘴裡;有時想抓一朵白雲做成衣服,這樣他們就可以飛上天空,去和雲彩一起嬉戲了⋯⋯

不僅是天空中變幻的雲彩,許多平常的事物到了孩子們的眼睛裡都可以變得很有趣,比如早餐時吃的餅乾,它可能就變成了圓圓的汽車輪子;把幾個小凳子擺在一起,它就變成了汽車;一堆積木疊在一塊搭建成了城堡,自己就是住在城堡裡的「小公主」或「小王子」等等。不管什麼東西,只要到了孩子的眼睛裡,都被賦予了更有趣的意義,這就是他們的想像力。

透過觀察會發現,孩子們的想像力在某個時期會突然發展得很快,他們的想像基本上是一種無意想像,也就是常說的自由聯想。他們不再局限於具體的事物形象,而是帶有一定的情節,還具有情境性。比如用積木建構了一個遊樂場之後,孩子就會把自己想像成遊樂場中玩耍的遊客,並且還會把爸爸媽媽也想像進去。如果拿著小汽車就當作自己在開車,路上還會遇到交通警察⋯⋯這些情節都是孩子想像出來的,這讓孩子玩得不亦樂乎。

我們還會發現,孩子很容易將想像和現實混淆。比如晚上

Part 3　幼兒期（3～6歲）—豐富多彩的世界

透過窗戶看到對面樓頂上的紅色指示燈時，他們就會想像成童話故事裡老巫婆的眼睛，從而害怕晚上一個人在房間裡，哪怕是拉上窗簾也不行，因為孩子此時的無意想像占主要地位。因為缺乏經驗，他們的想像常常與知覺糾纏在一起，把想像當成一種補充感知事物的方式。並且孩子們的表象組合能力特別強，在他們的世界裡幾乎不存在「不可能」這三個字，因此會將想像和現實混淆。所以在他們的言談中，也會存在虛構和誇大的成分。

大多數的孩子都很喜歡畫畫，因為畫畫是表達內心想法的一種方式。孩子們的繪畫作品也反映了他們想像的另外一個特點。有時我們會看到孩子畫的人物畫裡只有頭、手和腳，沒有一些細節方面的內容；或者頭很大，身子特別小，甚至不完整。這些都是因為孩子們的想像內容比較零散，不追求結果。此時孩子想像的目的尚不明確，主題也模糊，他們只滿足於想像的過程，而不追求想像的最終結果。或許剛開始的時候是有目的的，比如想畫一個香蕉，也想像了香蕉的樣子，但是畫了幾筆之後，發現更像月牙時，就可能會開始想像月亮的形狀，轉而畫上了月亮。

其實這些都不重要，重要的是孩子們已經開始擁有了自己的想像力。這還表現在他們對遊戲的喜愛上。家長們總是抱怨孩子除了玩還是玩，但是孩子們玩遊戲也是其想像力發展的一個象徵，他們在遊戲中發揮想像，並且透過想像來滿足自己的

第八節　天空中變幻的雲彩

好奇心，獲得想像帶來的愉悅感。

想像對孩子們的未來影響很大，國際組織曾經對全球各地的孩子進行調查，發現亞洲孩子的計算能力排名世界第一，想像力卻排名倒數第一，創造力排名倒數第五。可見，想像力和創造力還是很有關聯的。不僅是創造力，想像力缺乏對孩子們的日常生活也會造成影響。比如缺乏想像力的孩子會在成年以後的工作中表現得墨守成規，沒有主見，雖然工作可能不會出錯，但是也不會做出成績。缺乏想像力會使他們不願意思考，也不願意克服困難改變現狀，最終只會成為溫水中的青蛙。

大部分人把孩子們缺乏想像力的原因歸咎於現行的教育體制，殊不知，這些都可以從小培養和鍛鍊。想要培養孩子的想像力，我們首先需要知道孩子的想像力達到了何種程度。生活中的哪些行為會暗示孩子的想像力已經成為性格中的短板了呢？不妨對孩子做一個測試。拿出一幅臥著的貓的畫像，問孩子貓在做什麼？可能會出現三種回答：一種是不知道，一種是睡覺，一種是睡覺、想事情、不舒服了等許多新奇的答案。如果測試是在孩子情緒正常情況下進行的，那麼這三種回答就代表了三種不同狀態：第一種代表孩子想像力缺乏，第二種代表孩子想像力比較缺乏，第三種代表孩子想像力豐富。您的孩子屬於哪一種呢？

除了表現在對遊戲的態度上，還展現在語言表達能力和思考能力上。想像力豐富的孩子語言表達更加豐富，思維跳躍性也更

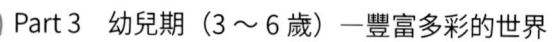

Part 3　幼兒期（3～6歲）─豐富多彩的世界

強，更能準確表達自己的思想，並且善於提出疑問，愛問「為什麼」。想像力缺乏的孩子正好相反，他們對一切都表現出不感興趣的態度，即使別人問他，也多用「不知道」或者不吭聲來作答。

對此，家長可以從以下幾方面對孩子做出一些引導和鍛鍊：

◆ 第一，常讓孩子做一些想像力方面的訓練

比如爸爸媽媽在講故事時可以鼓勵孩子猜測下一步將發生的事情。在講故事的過程中，要有意識地多提些問題，啟發孩子多思、多想、多講，圍繞主題盡情想像，把想像的內容、情節用語言表達出來。也可以在日常生活中給出一些簡單的符號，一條線、一個半圓、一個圓圈，讓孩子根據這些來編故事，鼓勵孩子盡可能多地組合一些更複雜、完全不同的故事出來。

聽故事和講故事都是孩子們最喜愛的活動，故事中生動而形象的描述、有趣而離奇的情節、豐富而多變的場景都可以豐富他們的想像能力。而且在聽故事過程中，他們藉助想像在頭腦中重現的形象和情節也會累積在記憶中，以後還會出現在孩子們組合的故事裡。這些不但能使孩子形成豐富的表象，還使他們的想像力和語言表達能力得到進一步的提升。

◆ 第二，透過各種遊戲培養孩子的想像力

遊戲能促進孩子想像力的發展，因為他們在遊戲中的各種模仿活動都需要豐富的想像力。比如玩積木搭房子，各式各樣的房子形狀本身就是想像力的展現。家長還可以鼓勵孩子拆裝

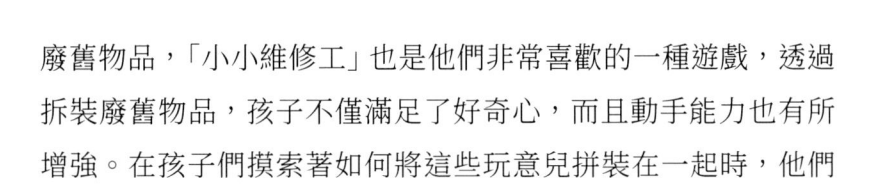

廢舊物品,「小小維修工」也是他們非常喜歡的一種遊戲,透過拆裝廢舊物品,孩子不僅滿足了好奇心,而且動手能力也有所增強。在孩子們摸索著如何將這些玩意兒拼裝在一起時,他們大腦中的想像力就開始發揮作用了。

◆ 第三,多讓孩子做一些腦筋急轉彎的練習

鼓勵孩子思考時多轉幾個彎,比如「樹上有10隻鳥,用槍打下1隻還剩幾隻」的問題,孩子常規回答可能是9隻,但是想想其他的小鳥也會被嚇飛,所以答案是一隻也沒有了。不過幼稚園的小朋友可能還會想到更多的答案,比如「這10隻鳥裡有沒有懷孕的」、「這10隻鳥裡面有沒有聾的」等。這些在成年人眼裡不按常理出牌的行為其實是非常可貴的,家長和老師們要注意鼓勵和提倡孩子的這種行為。

◆ 第四,想像力的培養和發展是長期的

孩子想像力的發展與注意力、觀察力、記憶力等方面有很大關係。爸爸媽媽一方面要根據孩子的年齡特點和心理特點採取適合孩子的方法,另一方面也要注意提供條件以此豐富孩子的生活經驗。在日常生活中既鼓勵孩子充分發揮想像能力,也教會孩子把生活經驗融入想像活動中,這樣孩子想像的翅膀才會越來越有力量。

關於孩子想像力的發展,我們始終要牢記一句話:答案並不重要,重要的是想像的過程。

Part 3　幼兒期（3～6歲）—豐富多彩的世界

第九節　幼兒也有「拖延症」嗎

每當送孩子遲到也連累自己上班遲到時，媽媽們總是忍不住抱怨：「我家的孩子太會拖了，從起床到刷牙，再到吃飯、換衣服，沒有一樣不讓人催的。飯放在嘴裡，不催就不知道往下嚥……我真是要崩潰了！」這樣的煩惱在許多孩子上幼稚園或是剛上國小的家長中十分常見，難道小孩子也會有「拖延症」嗎？

「拖延症」是在成年人群裡較為普遍存在的一種狀態，這是一種非必要、後果有害的延後行為，通俗一點講就是做任何事情都拖拖拉拉，不等到必須完成時就不會加快速度，這樣不僅會給自己造成負擔，同時還容易引起焦慮不安等常見的不良心理。雖說在孩子成長的階段中較少存在什麼不得不做的事情，但是「龜速」的現象卻幾乎表現在每一天、每一件事情上。許多家長也會擔憂，這樣下去，孩子遲早不還是會有「拖延症」嗎？

對於孩子們的拖拉行為，許多家長都表示即使磨破嘴皮，道理講了一大堆，但還是沒有效果，他們依舊是優哉遊哉、我行我素，這簡直讓大人們傷透腦筋。於是，「你快點啊」也成了家長們的口頭禪。許多家長更因為孩子的拖拉而遲到，最終被主管責罵或受罰，這種不良的情緒直接導致第二天看到孩子慢就著急，當催促無用的時候，直接就暴力相向了。如此惡性循環下去，家長和孩子的心靈都受到了傷害。難道面對這樣的行

第九節　幼兒也有「拖延症」嗎

為,就沒有什麼好辦法了嗎?

既然這個現象是常見的,那麼家長們也不用過度憂心,這是孩子成長中的一個正常現象。處於這個時期的孩子,一方面,由於好奇心和求知欲都非常強烈,所以注意力的廣度會變得很大;另一方面,他們注意力的穩定性又不夠,注意力能夠集中的時間既短又容易受周圍環境影響,因此他們在從事某一活動時,注意力就很容易被分散,被其他事物所吸引,活動的節奏和速度也自然會放慢。加上孩子年齡小,神經肌肉活動還不協調,這種動作的不熟練也會導致孩子做事情緩慢。孩子做事情的動力和對時間價值的認知也直接影響了他們行動的速度。

除了這些內在的原因,一些外在因素也是造成孩子「龜速」的原因。一般來說,大人覺得孩子拖拉主要是因為沒有達到他們期望的速度,其實孩子已經盡力了。但是大人期望的速度通常是建立在成人的節奏上的,這個要求對孩子來說的確有些難。此外,孩子拖拖拉拉是因為大人既沒有給孩子充足的時間來完成,也沒有足夠的耐心去等待。比如許多大人都會抱怨孩子起床慢,但是卻沒有想過替孩子設定的起床時間是多久。成年人可能 1 分鐘就可以完成起床的動作,但是對於孩子來說,他可能需要先想一會兒昨晚做的美夢,需要適應一下現在已經是第二天了,還需要想一想起床後的下一個動作是什麼,這些都需要時間。所以當我們用 1 分鐘來要求孩子時,他們的確會顯得很拖拉。假如將這個時限延長到 10 分鐘,並且在這段時間

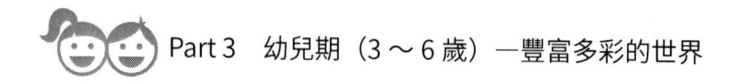

Part 3　幼兒期（3～6歲）—豐富多彩的世界

裡讓自己保持住耐心，孩子就變得不再「龜速」了。事實上，孩子的速度絲毫沒有改變，改變的只是大人們的心境。

另外，父母的過度干預和包辦也會造成孩子「龜速」的心理。同樣是早上起床的行為，大部分家長在看到孩子拖拖拉拉的行為時，都會一把抓過孩子，幫他穿衣服、收拾東西，甚至還會幫忙洗臉、刷牙、餵飯，這一系列的動作雖然「加快」了他們的速度，但是也會給孩子留下一個印象：慢一點沒關係，反正最後媽媽都會幫我做好的。長久下去，孩子不但喪失了加快速度的動力，反而又多了一個拖拉的理由。不僅加重了父母的負擔，也助長了孩子的「龜速」心理。

理解歸理解，在日常生活中我們還需要想出一些更好的對策，來幫助孩子克服「龜速」心理，避免他們長大後衍變成「拖延症」。既然講道理和反覆催促都沒有產生很好的效果，那麼我們不妨試一下下面的一些方法：

◆ 第一，幫助孩子理解時間的價值

做事拖拉相當程度上是因為他們還沒有時間觀念。可以想辦法讓孩子理解時間是世界上最寶貴的財富，可以給孩子講一些關於時間的故事，也可以和孩子一起討論不珍惜時間的壞處。為了讓孩子有時間觀念，在日常生活中也可以經常討論一些關於時間的話題，引起他們的注意。甚至用時間來對孩子的行為做出一些限制，比如當他們起床的時候，就告訴孩子只有

第九節　幼兒也有「拖延症」嗎

10 分鐘的起床時間，過一會兒再提醒，現在只剩下 7 分鐘了，讓他們感覺時間的緊迫性。

當孩子在規定的時間內完成了一件事情或者是提前完成時，要及時給予他們獎勵，讓他們品嘗到因珍惜時間而得到的勝利果實。比如孩子昨天起床、洗臉、刷牙用了 15 分鐘，今天只用了 10 分鐘，就可以告訴孩子，他今天比昨天節省了 5 分鐘，可以用這 5 分鐘獎勵他喝一杯果汁。由此，孩子就體會到省時帶來的好處，也可以更好地激勵他們明白時間的價值。

◆ 第二，要對孩子多一些鼓勵和獎賞，少一些催促

如果父母能夠用「你如果再快一點就更出色了」來代替「能不能快點啊」，用「你現在比過去有進步了」代替「你今天怎麼還是這麼慢」等，孩子一定能夠感受到這種鼓勵。他們會為了不讓父母失望，而有意識地提醒自己快一點。即使是孩子沒有實質的進步，也可以為他們設定一種虛擬的進步作為激勵，比如孩子昨天嘗試了 10 次才把一件事情做好，但是今天嘗試了 8 次就做好了，雖然沒有達到父母的期望，但是已經進步了。這時我們可以對孩子說：「你今天做得真好，昨天我們做了 10 次，今天只用 8 次就做好了。」父母的這種鼓勵，一方面加深了孩子對數字的敏感性，另一方面也讓孩子明白父母對自己的期許，來自父母的欣賞和鼓勵是孩子取得進步的一大動力。當然，父母也可以為孩子的進步採取一些物質的獎勵。

Part 3　幼兒期（3～6歲）—豐富多彩的世界

◆ 第三，讓孩子為「龜速」行為付出代價

　　每當家長看到孩子拖拖拉拉時，為了讓孩子避免拖延帶來的懲罰，如因為遲到而遭到老師的責備，就會採取一些輔助的措施，其實這種做法是不正確的。我們可以提醒孩子「再不快點就遲到了」，如果他還是要拖，就讓他遲到一次，讓他親身體驗到因為拖延而導致遲到的後果，讓他體驗遲到時被老師詢問和責備的那種尷尬。只有親身體驗，孩子才會切實理解拖延所帶來的害處。幾次之後，孩子自然就會提醒自己加快速度。

◆ 第四，為孩子消除分心因素

　　孩子拖拉大多數是因為注意力不集中，被其他事物所吸引。比如孩子用餐的時間可能電視上正好在播放卡通，他們就會邊看電視邊吃飯，速度也自然慢了下來。這個時候與其責罵孩子，不如下次把用餐的時間提前或者推後，或是直接提前關掉電視機，就避免了因為看電視引起的拖拉行為。孩子在學習的時候，家長在旁邊打電話，或者不時地去噓寒問暖，這樣都會干擾到他們的注意力，讓孩子有了拖延的理由。在孩子學習時，要盡量為他們創造一個較為安靜的、不受干擾的環境，即使是做家事，也要盡量減少不必要的聲響。

◆ 第五，提高孩子做事情的興趣

　　興趣是最好的老師，許多孩子往往因為對所做的事情沒有興趣才產生拖拉的現象。比如有些小孩早上不想上幼稚園，他

第九節 幼兒也有「拖延症」嗎

就會對所有的準備工作有所排斥，比如盥洗、穿衣都很慢。假如你告訴他，今天我們去動物園玩，他的速度可能比大人們都快，反而會轉過來催大人，這就是興趣帶給孩子做事的動力。所以，要想提高孩子做事的速度，先提起他的興趣，比如為了讓孩子乖乖地去幼稚園，我們可以告訴他們幼稚園比家裡更好玩的一些事情。也可以採取一些激勵措施，讓他們對所做的事情變得積極主動起來。

總而言之，「龜速」不是孩子的錯。任何孩子在幼年期發生的不良行為，父母都負有不可推卸的責任。面對一個做事拖拉的孩子，發脾氣於事無補，它只會讓孩子變得更加手足無措。因此在面對孩子時，請多一些耐心，多一些包容，多一些引導，為了孩子的健康成長，一切都值得。

本章小結

對於 3～6 歲的幼兒來說，許多家長認為把孩子送到了幼稚園就是老師的責任了，因此總會對幼稚園有諸多的挑剔。有些父母甚至會為了孩子上哪一個幼稚園提前一年開始考察，為了孩子能夠上一個好一點的幼稚園而花費大量的人力、精力和財力。在「不要讓孩子輸在起跑點上」這種觀念主導的現代社會裡，這一切本無可厚非，但很多時候我們卻恰恰忽略了家庭──父母本身應擔負的責任。在孩子踏入幼稚園的那一刻起，我們不能否認幼稚

Part 3　幼兒期（3～6歲）—豐富多彩的世界

園這種集體生活帶給孩子的影響，但是更不能否認在孩子3～6歲的另一個成長關鍵期內，家園共育才是最好的選擇。沒有一個老師會比父母更關注孩子的成長，所以，我們要隨時注意孩子每一個細小的變化，而這些變化的背後都是孩子心理的成長。為了讓世界在孩子的眼裡變得更加豐富多彩，請每一位爸爸媽媽都盡心盡職 —— 做孩子最好的老師，陪伴孩子健康快樂地成長。

Part 4　少兒期（6～9歲）
── 我是一名國小生

　　6～9歲的孩子，大多處於國小一年級到二年級的階段，雖然他們尚未完全從幼稚園小朋友的角色中轉變過來，卻不得不背上書包開始接受系統的文化知識的學習。如果說幼稚園時期，爸爸媽媽的目標還停留在讓孩子吃好、玩好的層面上，那麼到了國小，多數家長都把重點轉移到了功課上。

　　與此同時，我們也會發現，隨著年齡的增大，孩子們的思想也變得越來越豐富，但是自制能力和自我調節能力還比較弱。如上課做小動作被老師責備，自己喜歡的小朋友不和自己玩等等。這些都會影響孩子上學和讀書的興趣，如果不加以引導則容易演變成心理問題，並且會影響孩子以後的生活。

Part 4　少兒期（6〜9歲）－我是一名國小生

第一節　我要讀國小了

從幼稚園到國小，孩子無論是生理方面還是心理方面都面臨著一個轉折。一方面是年齡的增長，讓他們有了「我長大了」的自豪感；另一方面是環境的改變，讓他們內心產生了不安感。孩子們不知道的是，比起「長大了」和「換學校」，他們還需要面對一個潛在的心理變化，那就是角色的轉換——從幼稚園小朋友到一名國小生。

根據不同地域學生生源情況的不同，孩子們進入國小的時間也會不同。在臺灣，孩子進入國小的時間是 6〜7 歲之間。每年到了開學的 9 月分，各個地方的國小門口都擠滿了來報到的國小生。有些孩子的臉上寫滿了欣喜，有些則耷拉著腦袋，更有一些拉著爸爸媽媽的手哭哭啼啼，不願意去學校。但是無論怎樣，他們最終都要走入校園，成為一名國小生。對於孩子上了國小後的各種表現，有些家長或許會感到焦慮，但其實有些事情在孩子入學前我們就可以開始做了。

誠如上文所說，這個階段是孩子生理和心理的一個轉折期，所以父母必須提前重視，讓孩子的內心對「我要讀國小了」的概念有個清晰的認知。首先，必須承認的是，無論是孩子還是大人，在面對陌生的人和環境時，內心都會產生不安感。而孩子由於所知有限，加上處理情感的能力還比較弱，他們在面

第一節 我要讀國小了

對這種變化時,內心的不安會表現得更加明顯,這是父母需要注意的。不過,我們也不要忽略孩子此時已經長大,他們需要更廣闊的空間和更豐富的知識去滿足他們日益增長的求知欲和好奇心,也需要用即將獲得的知識和能力來滿足他們進一步獨立的需求,而這正是孩子們順利完成角色轉換所必備的基礎。

對此,家長首先要做的就是激發孩子對於「我要讀國小了」的期待和興趣。作為過來人,父母們都了解國小和幼稚園是兩種不同的環境。從學習方式上來說,幼稚園以遊戲為主,而國小以課堂教學為主:在幼稚園裡,小朋友們通常沒有固定的座位,但是國小有;幼稚園裡有許多玩具,連老師的教具都充滿了樂趣,國小卻只有「冷冰冰」的黑板和投影儀;幼稚園裡的每個活動環節都很短,而且沒有明顯的上課、下課時間,但是到了國小,學生們必須嚴格按照上課、下課時間來調整自己的作息習慣;幼稚園裡沒有作業、考試,但在國小這些都是必備的學業考察方式;在幼稚園裡,老師都是充滿耐心的,對於小朋友提出的問題,他們會不厭其煩地解答,和小朋友相處就像是「家人」,但是國小老師則不同,他們的主要任務是教學,而且面對的學生要比幼稚園多得多,他們甚少有精力照顧到每一個學生;還有家長和老師們面對孩子時期待的改變……而這些都會引起孩子們短暫的不適應。

對於這種環境的改變,家長有必要讓孩子提前有一個心理準備。可以在適當的時候提醒和告知孩子,幼稚園與國小是不

Part 4　少兒期（6～9歲）─我是一名國小生

同的，但是千萬不要用一種消極的方式，比如「嚇唬」，當看到孩子早起拖拖拉拉時──這對於幼稚園的孩子來說很常見，就抱怨：「看你現在還慢慢吞吞的，上了國小就等著遲到吧，遲到了老師可是會批評的。」面對孩子的無理取鬧，有些家長甚至嚇唬道：「我現在是管不了你，等你上了國小看老師怎麼收拾你吧！」「你這樣不聽話，老師和同學怎麼會喜歡你呢？」諸如此類的話，這似乎是給孩子加了一道無形的枷鎖，「國小真的有這麼可怕嗎？」、「老師很凶嗎？」的想法，就會很容易讓孩子形成一種「先入為主」的想法，加深孩子因為環境改變而引起心理不安。

　　正確的做法是這樣的：在孩子即將進入國小之前，可以提前帶孩子到就讀的國小附近去熟悉一下學校周圍的環境。上課時，雖然不能帶孩子進入校園，但是可以讓孩子從外面觀察學校裡的情況，並且和孩子一起討論它和幼稚園的不同，比如問問孩子：「你看到教室裡的哥哥姐姐了嗎？他們在幹嘛呢？」──藉此讓孩子了解國小生都是在課堂上學習的；當下課鈴響的時候可以告訴孩子：只有聽到鈴聲響，才可以從教室裡出來，這是學校的紀律，就像是在幼稚園裡如果要打斷老師講話必須要舉手一樣。如果是在放學的時候，經過校方允許，可以帶孩子參觀學校的操場、器材室、圖書館等，讓孩子明白國小生的世界比幼稚園要豐富多了。這在無形中，也讓孩子產生了對成為一名國小生的嚮往。

第一節　我要讀國小了

除了帶著孩子熟悉校園的環境，還可以找一些國小生和孩子玩一會兒，讓孩子了解國小生在運動、讀書、寫字或者其他生活方面的能力，當孩子感受到自己能力不足時，就可以告訴孩子，哥哥（姐姐）之所以這麼棒，是因為他們是國小生。只有長大了，才能當國小生，也只有上了學，才能證明自己長大了。這樣在孩子的心裡，永遠都會有一個「我長大了」的願望，這個願望也會幫助他們克服許多可能遇到的困難。

總而言之，對於即將步入國小的孩子來說，在幫助他們熟悉國小環境之餘，多和他們聊一聊上學的好處，透過積極的心理暗示來影響孩子對成為一名國小生的期待，這是很有必要的。

在順利激發了孩子對於讀國小的期待後，接下來要做的就是幫助孩子形成良好的生活自理能力和交際能力，這不僅有助於孩子順利度過國小生活，還可以培養孩子的自信心，增強孩子對成為「國小生」的自豪感和榮譽感。

對於家長來說，孩子入學需要準備很多，比如知識方面的：許多家長會在孩子讀國小之前，為孩子報名「幼小銜接班」，讓孩子提前學一些國小要學的知識，避免「跟不上」。但是有的家長往往容易忽略一個問題，那就是孩子學習發展的程度通常與他們的心智能力是相關的，如觀察、比較、分類、歸納、概括、想像、表達以及邏輯思維等能力，每個孩子的發展是有差異的，而且大部分的孩子並不是透過簡單的知識學習就能夠改善的。與之相比，孩子的自理能力以及社會適應能力則顯得更

Part 4　少兒期（6～9歲）—我是一名國小生

為重要，這些直接關係到孩子們在集體中生活，能否獲得老師和同伴認可，也關係到孩子的自尊心。

有些家長可能聽說過，孩子到了國小後，因為上課憋不住小便尿褲子而遭同學恥笑，從此不願意上學的事例，事實上，這對於初入國小的孩子們來說並不少見；有些孩子因為沒有養成按時作息的習慣，出現上學遲到、上課打瞌睡等現象，從而引起老師的批評；有些孩子因為不懂得與人交往，在學校被其他孩子孤立等等。這些都會對孩子造成心理傷害，進而影響到孩子上學的興趣。

因此，家長應該儘早地培養孩子生活自理和交際方面的能力。對於每一個孩子來說，能力不是與生俱來的，也不是到了適當的年齡就自然而然形成的，這些都需要在實踐中去鍛鍊和培養。對於自理能力來說，父母需要根據孩子自身發展的特點，讓孩子去嘗試做一些力所能及的事情。國小不像幼稚園那樣，吃喝拉撒睡都有老師照顧，許多事情都要求孩子自己去做，比如課間上廁所，熱了脫衣服，鞋帶開了自己系，渴了自己倒水喝等等。這些都需要平時在家就不斷地進行鍛鍊和培養，否則一時之間是做不好的。

此外，良好的作息習慣也非常重要。國小和幼稚園不同，午休時間變短，但是早上起床的時間卻提前了。孩子如果不能很好地適應這種變化，就會出現賴床、上課打瞌睡等現象。所以家長在晚上要及時敦促孩子早點休息，必要的時候替孩子買

一個小鬧鐘，和孩子一起制定一個作息時間表，對時間進行管理。這樣不僅有助於孩子生理時鐘的形成，而且也是對孩子自律能力的一種鍛鍊。

由於國小過的是集體生活，而這對小孩子的吸引力之一便在於可以有更多的玩伴。因此，人際關係是否和諧也會影響到孩子對學校的興趣。對此，在平時的生活中，家長也要注意引導孩子養成一些良好的交際能力和習慣，比如對人要有禮貌，聽人說話時要專心，別人說話的時候不要打斷，和小朋友要學會分享、謙讓等。這些都會幫助孩子在學校裡擁有一個「好人緣」，增強孩子的自信心，讓他更加喜歡學校。

家長們要記住，讀國小是一件再自然不過的事情，也是一件充滿自豪感的事情。只有父母如此認為，孩子才有可能這麼去做。

第二節　無法集中的注意力

也許你在很久以前就已經注意到了孩子注意力的問題：正聽著故事，卻已經拿起小汽車在玩了；新買的玩具還玩不到兩分鐘，馬上又被別的東西給吸引過去了……這些小細節在孩子小的時候你可能不會很在意，隨意批評兩下也就過去了。等他

Part 4　少兒期（6～9歲）—我是一名國小生

們上國小以後，就不能再那麼簡單地對待。且不說每次家長會被老師告知「孩子注意力不集中」，單就對孩子的成績就足以使父母們憂心忡忡了，此時的「無法集中的注意力」再也不是責備不責備的事情了。

這個問題，並不僅僅關係到孩子的成績，而且對孩子以後的生活也會造成很大的影響。對於每一個人來說，注意力都是其智力結構中很重要的組成部分。孩子注意力不集中，輕則對讀書提不起興趣，造成功課差，重則對每一項行為都缺乏自制力，做事情也會三心二意，半途而廢。如果在孩子低年級時，我們對這些現象都不加注意，不採取改正措施，長此以往，就會形成一種壞習慣，使孩子對任何問題和事物都無法進行深入的思考，從而變得頭腦簡單，行為幼稚。這些將會嚴重傷害到他們的自尊心，也會使孩子一事無成。對於這個問題，家長們不得不重視起來。

然而重視歸重視，但首先是需要對孩子注意力不集中的問題有一個清楚明確的認知。

注意力不集中，對於幼稚園或低年級的小朋友來說是一件再正常不過的事情，因為這是他們身心發展的規律所決定的。由於孩子們的大腦神經系統尚未發育完善，因此他們的注意力集中時間也是非常有限的。心理實驗證明：5～6歲孩子的注意力，可以維持15分鐘左右；7～10歲孩子可以維持20分鐘左右；10～12歲的孩子可維持25分鐘左右；13歲以上的孩子可維持

第二節　無法集中的注意力

30分鐘左右。這些時間無論是相對於40分鐘的課堂，還是放學後過於繁重的作業，無疑都太短了。

除了生理方面的原因，還有一些客觀因素會影響到孩子們的注意力。比如：不適應上課方式的改變，尤其是對於剛入國小的新生。和幼稚園的遊戲教學模式不同，國小後的教學主要是在課堂上進行的，並且要求孩子們遵守一定的課堂紀律，這對於天性愛自由的孩子們來說，的確會顯得拘束了些，從而會產生不自在，也就無法投入老師所講的內容，這樣就容易導致注意力不集中；老師的授課方式對孩子注意力的影響也比較大，有些老師上課教具比較豐富，上課生動有趣，孩子的注意力就容易集中，反之授課枯燥乏味的老師則不容易讓孩子集中注意力；孩子們天生精力旺盛，也容易被周圍的環境所吸引和刺激，這樣也會讓他們在課堂上坐不住，愛做小動作、說話等；有些孩子是因為得不到老師和同學的注意，故意在課堂上用說話或者是做出怪異行為來吸引目光；或者是因為老師在課堂上教授了與學生接受程度不符的內容，如內容過難或者過易時，都容易造成孩子注意力不集中。

此外，飲食和疾病方面也會造成孩子注意力不集中。俗話說「病從口入」，對於幼小的孩子來說，食用過多的零食也是造成他們注意力不集中的罪魁禍首之一。零食由於需要長時間的存放，其中新增了許多的防腐劑、添加劑，還有咖啡因等，這些都會導致孩子注意力的缺失。在疾病方面，對孩子注意力影

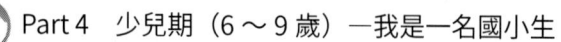

Part 4　少兒期（6～9 歲）－我是一名國小生

響較大的是過動症。其實除了過動症之外，妥瑞症、輕微的腦組織損傷、腦內神經遞質代謝異常、聽覺及視覺方面的障礙都會影響到孩子的注意力，而這些病症有些時候並不是很明顯，所以也經常會被父母忽視。

當然，還不能排除家庭方面的因素。如果撫育人本身缺乏耐心，凡事三分鐘熱度，對孩子過於寵愛，為孩子購買過多的玩具或是書籍，將孩子學習的地方布置得過於花俏，家庭活動過多等，這些都會讓孩子感到無所適從，變得浮躁、無法集中注意力。對於孩子來說，越簡單越好──前提是有父母的陪伴。

蘇聯教育學家蘇霍姆林斯基曾經在《給教師的建議》一書中說：「注意力好比是一根根無形的『韁繩』，要能控制孩子的注意力，就必須要懂得兒童的心理，了解兒童的年齡特點。」在家庭教育和學校教育並重的今天，這句話同樣適用。當聽到老師說或者看到孩子注意力不集中時，不要馬上怒火中燒，而是冷靜下來認真去了解孩子注意力不集中的原因，結合他們的生理和心理特點，對種種注意力不集中的情況去對症下藥，一點一點幫助他們克服。同時，還可以輔助一定的訓練幫助孩子提高注意力。

孩子注意力不集中的情況，大致分為以下幾種，不同的情況需要不同對待。

第一種表現是因缺乏興趣而引起注意力不集中。對於這種

第二節　無法集中的注意力

情況，家長們只需要想辦法調動起孩子對所做事情的興趣就可以。如果是課堂上的老師，可以透過改變教學的方式，換一種孩子們喜歡的方式，寓教於樂地去吸引孩子的興趣；如果是在家裡，父母可以透過一些有趣的形式，如競賽、精神獎勵等喚起孩子的興趣。當孩子做作業心不在焉時，爸爸可以透過和孩子一起比賽做作業的方式，讓孩子迅速集中注意力完成作業。或者告訴孩子，如果能在 15 分鐘內把作業做完，可以去踢足球等。其實，這些方法是多種多樣的，目的只有一個，就是調動起孩子的興趣。

　　第二種表現是由於受到約束而導致注意力不集中。對於孩子來說，活潑愛動是他們的天性，一旦被約束則很容易引起身體的各種不適，無論是生理還是心理都會迫使他們侷促不安，無法集中注意力。這主要表現在有紀律約束的課堂上，對此家長在平時可以多和孩子講一講：為什麼要遵守紀律，課堂為什麼要有紀律，不遵守紀律的危害和後果等，引起孩子的重視。平時在家時，爸爸媽媽也可以和孩子玩一下「我來當老師」的遊戲，除了可以讓孩子鞏固在學校所學的知識外，更重要的是讓他們在這種模擬的課堂中感受到紀律的重要性，從而增強課堂上遵守紀律的意識。

　　第三種表現是因為沒有得到關注而導致情緒低落，注意力不集中。老師一般都碰到過這樣的情況：當在課堂上提出一個問題時，教室裡的氣氛突然變得很熱烈。孩子們爭先恐後地舉

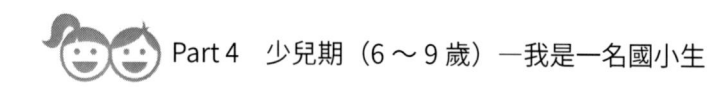

Part 4　少兒期（6～9歲）─我是一名國小生

起手，嘴裡還喊道：「我！我！」但是老師卻只能讓一個人回答，這時老師可以明顯地感受到其他孩子的失落。他們甚至為了搶下一個發言的機會，而沒有心思去聽發言同學的回答了，更不會去思考別人說的對還是不對。這可稱為故意的注意力不集中，和注意力不集中造成的後果是一樣的。對此，老師要創設出多種表現的機會給孩子們，同時以恰當的方式給予孩子關注，比如告訴孩子應該認真傾聽同學的回答，在不完善的地方還可以補充發言等。對於孩子們的回答，不管是對還是錯，都要給予積極性的評價，這對於提高孩子的積極性、增強課堂注意力都會有很大的幫助。

引起孩子注意力不集中的原因還有許多，我們尤其要注意背後的心理原因，這樣才能更好地解決。還有一些小技巧可以幫助孩子提升注意力，比如練習數豆子、搭積木、玩木頭人的遊戲等，或者上課時，讓孩子看著老師的臉，提醒自己跟著老師的節奏走，用語言不斷提醒孩子集中注意力，讀書的時候桌上不要放與課業無關的東西，學習用具不要太花哨，環境要安靜等，這些都可以產生很好的效果。

總而言之，教育是一種慢藝術，對於孩子不能集中注意力，只要家長和老師有足夠的愛心和耐心，根據孩子的心理特點給予恰當的引導，好習慣總會慢慢養成的。

第三節　上學是一件很累的事情嗎

對於年齡比較小的孩子來說，經常會上學一段時間後就不願意去了，有時候還抱怨道：「上學太累了，我不想上學。」是因為學校的功課太累了嗎？其實隨著兒少的權益越來越被重視，現在的他們已經比父母輩讀國小的時候要輕鬆多了。排除一些客觀上可能存在的因素外，可以把目光轉移到孩子的心理層面上。

有一個名叫樂樂的同學，今年8歲了，秋天開學的時候剛從外地轉到現在就讀的國小。樂樂原本生活在B縣裡，那裡有他熟悉的朋友和同學。後來由於樂樂的爸爸考上公職，被派往A市工作，媽媽決定舉家搬到A市，隨後她在一家公司找到了工作。然後，他們把樂樂安排在一所不錯的國小就讀。爸爸媽媽由於忙著適應新工作，沒有太多精力關注樂樂，對樂樂表現出的不開心，並沒有很在意。他們認為，樂樂可能是懷念之前的同學，過一段時間適應了新的環境後就好了。但是沒過多久，樂樂徹底「罷學」了。他每天回來都向爸爸抱怨，上學很累，他不想上學了。爸爸有點納悶，以前上學從來沒聽他說過累。於是，爸爸和樂樂一起談心，樂樂告訴爸爸，以前有些時候他也會感覺累，但是很快就好了。但是到了新學校後，無論他怎麼努力去適應，都還是感覺累。同時媽媽也發現，樂樂放學回到家裡後，總是一副無精打采的樣子，有時寫著作業或是

Part 4　少兒期（6～9歲）─我是一名國小生

看著卡通，就能睡著了，還開始變得愛說夢話，胡言亂語。孩子在以前的學校並沒有這樣的現象。媽媽不禁納悶：樂樂這是生病了嗎？

爸爸媽媽都很擔心樂樂，於是他們特地抽出時間帶他去醫院做了全面的身體檢查。檢查結果顯示，樂樂的身體很健康。對此，爸爸媽媽更迦納悶了：樂樂這是怎麼了呢？

或許樂樂父母遇到的情況，很多父母都曾遇到過。看著孩子因為上學而變得疲憊、憂鬱，父母有時甚至覺得比孩子還累。那麼，上學真的是一件很累的事情嗎？

首先，需要從孩子的體力上來考慮。如果擔心孩子是因為體力不支而感覺累的話，不妨抽出一天的時間帶孩子到遊樂場去玩一下。這時我們會驚訝地發現，孩子們的精力比大人還要旺盛：當我們已經精疲力竭，不想再走時，孩子依然興致勃勃地玩這玩那。由此可見，孩子勝任國小階段學習任務的體力完全是沒有問題的──當然，前提是需要確定沒有多餘的事情來耗費孩子的體力。

還是以孩子在遊樂場玩耍為例，一個心情始終愉悅且遊玩順利的孩子，他的精力完全大於一個心情不好、每個專案都要央求半天才能玩的孩子，即使是對於同一個孩子來說也是如此──不同的情況下精力也是不一樣的。這個道理同樣適用於上學。正如上文所說，按照孩子生理發育的階段來講，他們應對現階段的課業完全沒有問題。但是孩子在上學的過程中卻可

第三節　上學是一件很累的事情嗎

能會遭遇到很多其他耗費精力的事情，比如對陌生環境的緊張而產生不適，因原生活節奏被打亂而不得不重新適應新節奏，對新學習模式的適應，新環境下的人際關係等等，這些都會耗費孩子很大的精力，以至於「上學」對於他們來說，會變成一件很累的事情。對於上述案例中的樂樂來說就是如此。樂樂即使已經有了一段時間的國小生經歷，但是在新城市、新學校、新環境下，樂樂無論是從生活習慣還是人際關係上，都需要重新去適應，在學習任務沒有改變的情況下，他當然會感覺到累。這一點，樂樂的爸媽應該也深有同感。

其次，從孩子的心理方面進行考慮。隨著現在的孩子接觸事物的管道和廣度的改變，他們的心理成長速度已經不能用以前的標準來衡量，他們的童年再也不像以前那樣無憂無慮，他們開始變得有些多愁善感。對於國小低年級的孩子來說，他們並不善於進行自我評價，評價自己的方式還停留在透過他人的評價才能完成的水準。因此，他們會特別在意別人對自己的評價，包括父母、老師和其他同學。一般來說，受同學歡迎、老師喜歡、家長又比較開明的孩子，都會更加喜歡上學，而且也不會覺得上學是一件很累的事情。反之，有些孩子則會努力去做出一些「改善」，以便「迎合」那種「好孩子」的標準──根據皮亞傑的兒童認知發展階段理論，此階段的孩子正處於道德他律階段，關於「好」與「壞」的認知主要來自周圍人的評價。這些改變由於包含一定的壓力，所以比較容易讓孩子感覺到累。

Part 4　少兒期（6～9歲）—我是一名國小生

　　由此，可以判斷出，不管孩子是因為消耗過多的精力而感到勞累，還是因為有心理壓力，歸根到底這都會影響到孩子對於上學的興趣，也會影響孩子因為上學而獲得的快樂和滿足感。所以，為了讓孩子不再如此，家長和老師可以根據孩子的典型心理特徵來幫助他們調整好心態，輕輕鬆鬆去上學。

　　孩子們對於不熟悉的環境，總是好奇心與不安感交織在一起。其實，我們完全可以利用好奇心去緩解這種不安感。不管是對於成人還是孩子來說，熟悉的環境和節奏可以給人帶來安全感，而安全感是做其他事情的一個基本保障。孩子尤其需要這種安全感，為了獲得這種安全感，我們可以化被動為主動，帶著好奇心主動去了解陌生的環境。比如在進入新環境之前，父母可以主動帶孩子去熟悉新環境，發掘新環境和以前的舊環境的不同之處，並從正面暗示孩子這種改變的積極之處。因為這些是孩子沒有接觸過的，他們會比較有興趣。這樣不僅增加了孩子對環境的熟悉度，同時也緩解了他們因為陌生而產生的不適。

　　對於即將改變的學習和生活節奏，要相信孩子的適應能力。有一句俗話叫做「習慣成自然」，孩子會覺得不適應，會感到累，都是因為這件事情還沒有成為一種習慣，而習慣是可以慢慢培養的。當孩子需要面對新的學習和生活節奏時，我們既可以提前刻意地改變來讓孩子體驗一下，並逐步接受，也可以在孩子接觸到改變之後，一點點地引導他去適應。比如：一般假

第三節　上學是一件很累的事情嗎

期結束剛剛上課，孩子會很容易感到累，這時就可以提前一週讓孩子恢復到上學的節奏上來，或者開學後，透過逐步恢復假期前生活和學習節奏的方式，讓孩子慢慢地調整過來。

這裡需要注意的就是，在幫助孩子適應節奏時一定要合理安排，適當休息。不能因為要適應而忽略了孩子其他心理特點。比如孩子一般都比較貪玩，自制力也比較差，他們在結束了一天緊張的校園生活後，回到家中一般都希望出去玩一會兒或者是看一下卡通，許多父母都會覺得只有做完作業或是溫習完功課才可以放鬆。為什麼一定要按照這種節奏呢？對於已經受了一天約束的孩子──他們有些時候在學校裡都沒有好好地玩，因為有些學校出於安全的考慮，在下課時間不允許孩子在走廊裡進行很劇烈的活動。此時，他們只有完全放鬆地玩一下，才能恢復活力。所以，科學的節奏和適應方式非常重要。

同時，針對新環境下人際關係和他人評價帶給孩子的心理負擔，可以利用「好孩子」心理，透過替孩子貼一個「好孩子」的標籤，來幫助孩子積極地認識人際關係。在此，必須強調的是，父母對於孩子要有一個「合理的期待」。合理的期待是指不能過高也不能過低，過高會給孩子造成心理壓力，也會讓孩子在父母的眼裡變得「一無是處」，過低則不利於孩子認識自己，無法激發孩子的上進心。家長的「合理期待」有助於孩子得到來自父母的比較全面和公正的評價，這些相比較老師和其他同學的評價顯得更為重要。如果你認為你的孩子很自信，他就會很自信地去面對

Part 4　少兒期（6～9歲）－我是一名國小生

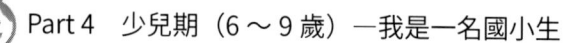

任何人和事，在接受老師和同學評價時，就會傾向於往積極的方面去理解，反之亦然。這就是「好孩子」標籤的暗示作用。

事實上，「上學是一件很累的事情」會不同程度地發生在每一個孩子的身上，這就是成長的煩惱。也只有經歷了這樣的成長，孩子們的心理才能發育得更加完善。

第四節　分數不能說明一切

大多數的家長心中都有一個「望子成龍」、「望女成鳳」的夢想。或許是教育制度使然，或許是「應試教育」影響太深，當孩子們陸續上了國小之後，父母們在一起聊天的話題中也開始越來越多地出現「分數」這個字眼。每逢考試結束，看著拿在手中的成績單，很多孩子也是「幾家歡喜幾家愁」。

分數真的那麼重要嗎？當父母們過度關心孩子的分數時，其實，孩子的內心大多是反感的，尤其是成績不理想的孩子。美國教育家史賓賽也曾經說過：「身為父母，千萬不能太看重孩子的考試分數，而應該注重孩子的思維能力、學習方法的培養，盡量留住孩子最寶貴的興趣與好奇心。絕對不能用分數去判斷一個孩子的優劣，更不能讓孩子有以此為榮辱的意識。」儘管成績單上的分數是對孩子上一階段學習成果的檢驗，但是它卻不能全面衡

第四節　分數不能說明一切

量出孩子的發展和進步。因此，分數不能說明一切。

對於低年級的學生來說，他們的成績並不像我們想像中的那麼真實。當然，這並不是指孩子考試作弊，而是因為在這個階段的成績——考試分數中有許多干擾因素。

首先，許多孩子在進入國小就讀之前，都過早接觸了國小才學到的內容。由於小孩子就像一張白紙，因此對最初接觸的知識記憶非常牢固，而且現在的學校教育都是從「零基礎」開始的，也就是說，所有的知識都是要到上國小一年級以後才開始學習。在這樣的情況下，可以毫不誇張地說，至少在三年級以前，孩子的成績多少都是有一些「吃老本」的因素存在。

其次，每一個孩子的發展都是有差異性的，但也有共性。比如國小低年級的孩子由於感知能力發育還不成熟，他們總是傾向於掌握事物的整體，而忽略一些比較精細的地方，因此會比較粗心；這個時期孩子的記憶總是沒有明確的目的性，屬於一種無意識的記憶，因此背誦能力會比較強；孩子們富於幻想，總是容易被大千世界裡一些形形色色的事物所吸引，所以注意力不易集中、容易恍神等等。這些都是低年級孩子們所具有的共同特點，但是表現在不同的孩子身上，也會有一些區別。比如有些孩子的感知能力發育比較好，但是注意力不集中；有些孩子的記憶力好，但是比較粗心……正是因為這些共性和差異性的存在，導致孩子們的考試成績展現的不一定是真實的學習和發展狀態。

Part 4　少兒期（6～9歲）—我是一名國小生

說到底，分數只是檢查孩子學習情況的其中一種方式，是老師、家長和孩子了解自己學習成果的一種管道和手段，在孩子這一階段的表現中只能起到參考作用，並不能成為唯一的標準。所以將分數看成一切，甚至把它當成對孩子進行親疏寵責的依據，是十分不可取的，這不僅會直接傷害孩子幼小的心靈，也會將孩子推向一個「為分數而讀書」的失誤，使之最終成為一個「高分低能」的犧牲品。

家長們與其關心孩子的成績和考試分數，倒不如關心一下影響這些表象的真實因素──讀書習慣和學習態度。對於剛入國小，一切還未定性的孩子來說，這時候和他們談未來，談社會的激烈競爭都是多餘的。一個孩子只有養成良好的讀書習慣，樹立正確的價值觀，在今後的學校生活中，才有可能做到真正的「讀書」。

關注孩子的讀書習慣和學習態度，首先要從孩子自身的實際出發。比如上文中說到的記憶能力好但是粗心的孩子，首先要明白孩子的長處在哪裡，劣勢在哪裡，透過一些輔助的訓練，如玩「大家來找碴」遊戲，可以讓孩子的感知能力得到進一步提高，克服粗心的壞習慣；孩子記憶力比較好，可以多安排一些誦讀類的學習內容，不僅能增強孩子的記憶能力，也能讓孩子在此類的學習中獲得自信心。對於孩子每次的學習成果，不能只把眼光停留在分數上面，也應該多看看孩子出現錯誤的原因是什麼。如果是因為讀書時的壞習慣引起的，那麼就要著重檢查孩子是否改掉

第四節　分數不能說明一切

了這種壞習慣；如果是因為超出了孩子以往的學習內容而錯，就多去拓展孩子的知識面，增強舉一反三的能力。總之，從孩子自身的實際出發，就是從孩子身體和心理的發育狀況出發，從關注孩子每一個細小的變化出發。這不僅是對孩子讀書習慣和學習態度的關注，也是對孩子以後發展的關注。

其次，應該樹立長遠和全域性的觀念。在孩子所有的學習中，興趣占據著很大的因素。因為興趣是孩子們做一切事情的動力，但是他們的興趣也具有不穩定性，還經常會出現一些奇思妙想。從孩子的長遠發展來說，這都是非常不錯的，說明孩子具有創造性。而且孩子的各種能力發展都是相互影響的，不一定學習好一切都會好。比如有些孩子雖然學習成績一般，但是對待同學很有愛心，在學校裡人緣也很好，因此他們就會經常接觸到一些功課好的小朋友，耳濡目染，慢慢地，從他們身上學到了不少好的讀書習慣，學習態度也會發生改觀——這種情況在現實生活中並不少見。所以，在孩子的發展中，一定不能短視，也不能用一種片面的眼光去看待孩子的整體發展。

陽陽是一名國小三年級的學生，讀書特別認真，因為他有一個非常嚴厲的爸爸。一次期末考試結束後，陽陽憂心忡忡地回到家裡。一進門，爸爸劈頭就問：「多少分？」陽陽試著和爸爸解釋說：「爸爸，其實我考得還可以，就是……」爸爸原本以為會聽到考得不錯的回答，但一聽到他這樣說，浮現在臉上的笑容馬上消失得無影無蹤，面部僵硬地打斷陽陽的話，厲聲問道：「我

Part 4　少兒期（6～9歲）─我是一名國小生

不想聽『就是』，你只需要告訴我結果！有沒有超過90分？」

陽陽很不安地告訴爸爸：「我除了數學，國語和英語都在90分以上。數學題有點難，我考了85分。」爸爸一聽不高興了：「有點難？那你們班有考90分以上的嗎？」陽陽點了點頭。「那人家怎麼沒有覺得難呢？自己不努力還找藉口，你這樣子以後怎麼考好的國中啊！考不上好的國中能考上好的高中嗎？……」爸爸又開始了無休止的長篇大論。

陽陽心裡非常不滿，但也無可奈何。他很想向爸爸說明，數學成績較低是因為有一道題可以不用老師講的那種方法，答案不是唯一的。雖然老師沒有認可他的答案，但是卻表揚了他愛思考的好習慣。但陽陽知道如果把這事告訴爸爸，爸爸說不定還會批評他自作聰明，也會認為他是在狡辯。他清楚地記得，上次就是因為他的解釋，結果爸爸不但不認可，還暴打了他一頓，說他沒有上進心，就知道狡辯。對此，陽陽覺得爸爸的眼裡只有分數，沒有他這個兒子。「到底是分數重要，還是我重要呢？」陽陽有時真的很想問一問爸爸。慢慢地，陽陽變得越來越不愛讀書了。

中國著名教育家陶行知曾經說過：「小心你的教鞭下有瓦特，你的冷眼裡有牛頓，你的譏笑中有愛迪生。」在陽陽爸爸的嚴厲教育下，臺灣說不定就少了個「愛因斯坦」。如果換一種比較公正的眼光來看，陽陽不但很有上進心，同時還非常樂於思考。這種學習態度，對於一個只有9歲的孩子來說是難能可貴

的。如果陽陽的爸爸能夠用長遠的眼光來看，他會發現自己的孩子其實比其他同齡孩子還要優秀，因為他熱愛思考；如果陽陽的爸爸能夠用一種全域性的眼光來看，他就會發現陽陽絕對不是學習態度的問題，要不然其他科成績怎麼就能考好呢。但是當眼睛被成績單上的分數所矇蔽的時候，很自然就忽略了原本關注的重點──孩子發展的本身。

每一個孩子都是天真純潔的，他們也都有著積極向上的態度，他們用努力去換取生活中的每一點變化，不管是否能夠化作成績單上增長的一個小小分數，他們還是會去打拚和堅持，這就是孩子的自尊心。所以，當我們因為分數而忽略了孩子在成長道路上所做出的努力時，他們理所當然地會感到沮喪。而此時作為父母，已然是失職了。

第五節　打架背後有原因

在孩子經過了最初對學校生活的適應後，在家長們覺得一切已經步入正軌的時候，如果此時學校突然傳來「孩子在學校打架了」的消息，這時除了擔心，家長們還會有一些什麼樣的感想呢？

一諾的媽媽在這件事情上比較有發言權：

Part 4　少兒期（6～9歲）—我是一名國小生

　　一諾從小到大就是個「闖禍精」，小一點的時候，有家人看著還好。上了幼稚園後就開始「無法無天」了，經常和小朋友們打打鬧鬧，因此，一諾沒少挨老師的罵，連帶媽媽也要經常去賠禮道歉。儘管這樣，一諾在幼稚園的人緣還是很好的，許多和他打過架的小朋友，也因此成為好朋友，這多少讓一諾的媽媽心裡有點安慰。一諾媽媽總覺得：孩子現在還比較小，不能控制自己的行為，長大點慢慢就好了。

　　去年秋天，一諾到了讀國小的年紀，在媽媽的精心安排和陪伴下，一諾在一個學期後基本適應了國小生活。在這期間，一諾表現得還算是不錯，至少沒有因為打架而讓媽媽去學校——這也是一諾媽媽最擔心的事情。但正當一諾媽媽放下心中大石時，她接到了老師的電話：「一諾媽媽，請妳到學校裡來一下，一諾和別的小朋友打架了。」

　　聽到這個消息，一諾媽媽頭皮都麻了，心想這孩子怎麼又犯老毛病了啊！她請過假之後火急火燎地趕到了學校，看到一諾和一個男孩，還有一位男士，應該是男孩的家長，都坐在老師的辦公室裡。兩個男孩的臉上都掛了彩，一諾的額頭上腫了個大包，那個小男孩的嘴角則帶著血絲。看到那位學生家長一臉的慍怒，一諾媽媽顧不上心疼一諾，趕緊問老師是怎麼回事。原來在上節課課間玩耍時，一諾和小剛本來只是推推搡搡，路過的老師制止了他們，但是一轉身，小剛就趁一諾不注意推了他一把。一諾的額頭碰到了牆角，腫了個大包。因此，一諾還手打了小剛一拳，把小剛嘴角打出血了。班導徐老師告

第五節　打架背後有原因

訴一諾媽媽和那位孩子的爸爸,這兩個孩子平時課間也總是喜歡這樣子打鬧著玩,她已經說過好幾次了。這次兩人都受傷了,請家長回去好好教育一下。

聽後,一諾媽媽和小剛爸爸都覺得很不好意思,互相道了歉,各自拉著孩子回去了。將一諾帶出校門後,媽媽再也壓制不住內心的怒火,朝一諾嚷道:「和你說過多少次了,在學校不能和小朋友推著玩,那樣多危險啊!你怎麼就是記不住!」聽到媽媽的訓斥,一諾傷心地哭了,一諾媽媽也是又生氣又傷心。

這樣的場景可能許多父母都經歷過,尤其是家裡有兒子的家長。即使沒有經歷過,爸爸們可能也會回憶起自己小時候在學校打架被家長訓斥的場景。大多數家長在面對孩子打架時,都會因為孩子的「惹是生非」而感到很生氣。但是我們很少會想到,孩子打架的背後其實是有原因的 —— 這個原因無關對錯,而是一種對人際交往模式的探索,是一種孩子之間的交流方式。

說到人際交往,作為成年人的我們,大多想到的都是彬彬有禮、你來我往。但是誰又規定了人際交往就一定得是這樣的模式呢?尤其是對於思維發展還處於「自我為中心」的孩子來說,他們只可能站在自己的立場上去考慮問題,根本不可能考慮到他人的感受。對於他們來說,「不打不相識」是一種最簡單的交往模式:我想和你玩,就推你一下,你再推我,我們兩個就是在一起玩。至於推搡可能會引起的後果,他們更不可能考慮到。在生活中,這也是我們經常看到的一幕,許多經常在一

Part 4　少兒期（6～9歲）─我是一名國小生

起打架的孩子們，最後反倒成了好朋友。

對於孩子之間的爭吵打鬧，首先要排除道德上的認知。為什麼大人們看到孩子打架後第一反應就是責備呢？這是因為傳統的道德觀認為，打架是一件不好的事情，所以打架的行為就會被定性為「壞」事情。再去區分參與打架人的孰是孰非。儘管到最後我們會發現似乎誰都沒有錯，或誰都有錯。事實上，孩子們之間的爭吵打鬧和成年人的性質是完全不一樣的，在他們看來，那就是一種遊戲，在這其中他們可能會翻臉，但是轉眼又會煙消雲散。更何況，這個時候孩子還處於道德他律的階段，他們自身是沒有道德意識的。所以，成年人也沒有必要將其上升到一種道德行為，去責備、教育他們，因為這樣也無濟於事。就像上述案例中徐老師說的那樣「已經講過許多次了」，即使被罵了也不會改正，因為「以自我為中心」的孩子們是不會站在別人的角度去思考問題的。

其次，對於孩子之間的爭吵打鬧要學會用「平常心」去對待。既然這是他們探索人與人之間交往的一種方式，那麼爭吵打鬧就是一種很自然的現象。儘管所引起的衝突在成人的眼中意味著關係的破裂，但是在孩子們身上，這種狀況就完全變了。孩子們在打鬧的過程中會發現自身的力量，也會了解他人對自己的態度，如果他把別的小朋友打哭了，就會知道別人是因為疼痛而哭泣，而這種疼痛是自己帶給他人的，因此，受傷害的小朋友拒絕與他交往時，接下來他就會調整自己的行為。

第五節　打架背後有原因

所以，從某種意義上來說，打架反倒能夠促進孩子們心理的成長。

在這一點上，動物界的交流模式也可以給我們一個很好的啟示。小獅子們在年幼的時候總是喜歡在一起撕咬，這時候獅子爸爸和獅子媽媽總是悠閒地躺在一邊，彷彿沒有看到一樣。有些小獅子因為自己的力量比較弱就會被咬出血，但大獅子卻不干涉。小獅子們就在這樣的打鬥中鍛鍊生存技巧，一步步走向獨立。作為人類，我們應該也如此，不能總是干涉孩子們的成長，雖然以父母的力量可以幫他們解決許多矛盾和問題，也可以幫他們化解一些衝突，但是孩子卻因此而喪失了許多生存鍛鍊的機會。或許我們更應該向獅子學習，放手讓孩子用自己的方式處理問題。

不過，在對孩子進行放手時，並不意味著面對孩子們的打架行為就可以完全放任不管，任由其發展。不干涉的前提是當事人雙方不會產生嚴重的身體傷害或者是危險，反之，則需要進行必要的制止。面對孩子們的打架行為，我們要如何處理呢？其實最好的辦法是讓孩子們自己去解決。即使是我們已經出手制止了這種行為，但也不要用成年人的方法代替他們去處理。當孩子平靜之後，可以引導孩子站在對方的立場上去設想和考慮，試著去理解對方，最終達成諒解。「以兒童教育兒童，以兒童感化兒童」，這正是瑞士著名兒童心理學家皮亞傑提出的一種用以處理孩子之間衝突的教育思想。皮亞傑認為，孩子們

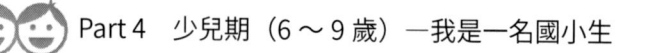

Part 4　少兒期（6～9歲）－我是一名國小生

只有彼此之間發生了衝突，才能更加認識到他人意見或者地位的重要，才能了解自我和他人的區別。學會尊重和理解他人，學會調節自己的言行以適應團體的生活規範。這對於孩子從「自我為中心」的狀態中解脫出來有著積極的意義。

孩子的成長避免不了磕磕碰碰，也避免不了打打鬧鬧，只要能夠正確看待孩子打架行為背後的原因，尊重和理解孩子的行為，打架又有什麼大不了的呢？

第六節　孩子為什麼在媽媽面前很沉默

隨著孩子一天天地長大，我們會逐漸發現，以前一放學回來就圍著媽媽轉的「黏人」小孩不見了，他們開始變得寡言少語。媽媽剛開始還可以用「孩子長大獨立了」來安慰自己，但是當孩子在另一個家庭成員面前表現出親暱和話多時，媽媽的心靈則會受到一些傷害：孩子為什麼和我不親了呢？

在生活中，許多孩子都會有一個共同的表現：隨著年齡的增長，他們開始與爸爸媽媽不再那麼親暱，交流也變得很少。但許多家長會認為，這是伴隨著孩子成長必然會出現的一種現象，因此也沒有很在意。的確，孩子隨著年齡的增長，獨立意識也越來越強，他們開始希望有自己獨立的空間，有自己的祕

第六節　孩子為什麼在媽媽面前很沉默

密,所以有時候會刻意地把父母排除在外。但是對於9歲以前的兒童,這種狀態多少有些不正常,因為他們的獨立意識還沒有發展到這種地步,尤其是當孩子的「不親」只表現在個別家庭成員身上時,如媽媽或者爸爸身上,這就更加需要注意了——這極有可能是「緘默效應」。

「緘默效應」是一種常見的心理學效應,是指人們在面對外界的強制時,雖然會在表面上表示服從,但是內心卻充滿了牴觸情緒。這使他們在日常生活的言行中會盡量地避免說或者做一些可能引起「統治者」情感上不快的話語,因此會讓正確的資訊傳播受限。簡單地說,就是在面對自己抗拒的人時,會選擇挑好聽的或者是不說話來掩飾內心的不滿,同時避免自己受到對方的傷害。一般來講,「緘默效應」常常發生在工作場合中,當員工因為犯了錯誤害怕威嚴的上司責罰時,面對主管的詢問就會保持「緘默」,這雖然會讓主管因為得不到正確的資訊而產生損失,但也避免了給自己帶來的傷害。

這種情況在成人的世界裡比比皆是,但是如果真正發生在孩子身上時,就不得不引起父母對自己行為的反思。

月月是一個8歲的小女孩,從上幼稚園開始,媽媽就開始一手操辦她的生活起居,無論是接送幼稚園,還是帶到興趣班學習,媽媽一直任勞任怨。雖然對月月很嚴厲,但是媽媽卻都是為了她好。最近媽媽發現月月開始和自己不親了,問她什麼,她都是很敷衍地回答一句。比如月月放學後,她與媽媽的

Part 4　少兒期（6～9歲）—我是一名國小生

對話是這樣的：「今天在學校開心嗎？」「嗯。」「晚飯想吃點什麼呢？」「隨便。」「月月在房間裡做什麼呢？」「看書。」聽著女兒和自己對話像陌生人一樣，媽媽頓時覺得有些寒心。接下來發生的事情更是讓媽媽心涼到底：月月聽到爸爸下班進門的聲音，馬上興奮地從屋裡跑出來，飛奔撲進爸爸的懷抱，並拉著爸爸的手開始說起學校裡發生的事情。都說「女兒是父母的貼心小棉襖」，為什麼月月跟媽媽不親呢？這讓月月媽媽又傷心又委屈。

　　如果月月媽媽能夠明白女兒對她的不親行為，其實是一種「緘默效應」的話，就應該反思一下自己的行為了。不要覺得「緘默效應」只會發生在成人身上，在孩子的世界裡也會常常發生，只是有時候沒有引起父母的注意。孩子總是最簡單的，他們對人的態度也取決於別人對他們的態度，比如誰對他親近，他就會自然地想要親近誰。俗話說「嚴父慈母」，但是現在卻反了過來，「嚴母慈父」更為流行，媽媽在生活中往往承擔了孩子更多的教育責任。因為有責任所以才更為嚴格，這在孩子的心裡，就會對媽媽形成一種情感上的抗拒，促使他們慢慢地不願去親近媽媽。

　　因此，這個問題解決的關鍵，其實不在孩子身上，而是在大人身上。無論採取什麼樣的方式解決，首先需要弄清楚的是，孩子產生這種行為背後的原因，並以此檢視是否是自己行為失當。

第六節　孩子為什麼在媽媽面前很沉默

孩子在父母面前沉默的原因是多樣的，不一定是和父母不親，也有可能是因為孩子的語言表達能力不足。每個孩子的語言表達和邏輯發展能力都是不一樣的，有些孩子發展得好，回到家可能就會和父母滔滔不絕而有條理地講述學校發生的事情，但是有些孩子則不會說，因為他們表達不完整，索性就不想表達了。對於這種情況，父母可以透過孩子日常說話的能力來進行判斷，同時加強對孩子語言表達能力的訓練。

孩子在父母面前沉默，也有可能是因為孩子性格內向。孩子的性格並不是一成不變的，他們很容易受到環境和外界因素的影響。許多孩子在幼兒期天真爛漫，活潑開朗，慢慢長大之後，就開始有自己的思想，變得沉默寡言，不善言談，將沉默作為他們與人交往的方式。或者一些表達能力不強的孩子，因為一些不好的遭遇，比如遭同伴恥笑留下心理陰影，導致他們在父母面前也開始變得內向，不願意多說話。對於出於後天原因而變得內向的孩子，父母應該多傾聽孩子的心聲，以此引導和鼓勵孩子勇敢地表達自己。

孩子在父母面前沉默，也有可能是因為他們心裡正在想著別的事情，也可能是沉浸在其他的情緒中，以至於對父母的話語總是「充耳不聞」。由於孩子的思維比較發散，注意力也不容易集中，所以當媽媽問到晚上吃什麼飯的時候，他可能會思考半天，可能會想起上次在外面吃大餐的場景，也可能會想到上次因為說媽媽做的飯不好吃，而遭到爸爸媽媽的責備，又或

Part 4　少兒期（6～9歲）－我是一名國小生

者還停留在今天把鉛筆弄丟了的愧疚中。不管是何種情況，孩子都可能會對媽媽的問話表現沉默，這是因為孩子的內心在體驗著其他新的思想或者是情感，這對孩子的成長具有積極的意義。所以需要父母耐心等待和觀察，必要時也可以親切地詢問，引導孩子的思緒回到正在討論的問題上來。

以上便是導致孩子變得沉默的原因，雖然從表面上看是和媽媽不親了，但是孩子內心對媽媽的情感其實沒有多大的變化，所以父母只需要從孩子的心理和行為方面進行引導即可。其實，真正引起孩子對父母產生「緘默效應」往往是以下這些行為。

對孩子實行高壓政策，動輒打罵、諷刺挖苦。孩子在這個階段是自尊心發展最重要的時期，父母的語言暴力往往會嚴重傷害到他們的自尊心，導致他們對父母充滿了懼怕、不信任。因此，當父母在孩子的心目中具有一定的危險性時，孩子就會對父母產生厭煩和躲避，具體表現就是盡量不與父母多說話，不向父母吐露心聲。遇到這種情況時，父母傷心或者發脾氣都是於事無補的，只會加重孩子內心的不安，造成孩子的無所適從。此時不妨冷靜下來，認真反思自己的行為，並逐步改正。用真誠和寬容讓孩子明白，父母對他們有不變的愛子之心。

脾氣暴躁，遇事不問青紅皂白，讓孩子缺乏安全感。一般來說，孩子會因為內心恐懼而用沉默來應對，這種恐懼可能來自父母本身的行為，也可能是孩子遭遇到了令他們害怕的事情。

第六節　孩子為什麼在媽媽面前很沉默

對於孩子來說，父母永遠都是最好的避風港，但是有些父母卻因為脾氣比較暴躁，遇到事情比較衝動，以至於孩子無法將自己害怕的事情講出來。這兩種不安的情緒交織在孩子的心裡，讓他們變得「有口難言」。因此，父母在和孩子談話的時候，要盡量保持語氣溫和、輕柔，如果發現孩子有什麼不對勁時，要耐心地開導，一點點引導孩子將內心的話說出來。如果孩子不願意講，父母也不要勉強他們，要學會尊重孩子。

表現出「不愛」孩子的行為。天下有不愛自己孩子的父母嗎？很多父母可能會說沒有，但是在孩子的眼裡有。比如自己出去玩卻不帶孩子的父母，一下班不是玩電腦就是看手機而不陪孩子的父母；總是「哄騙」孩子的父母；不尊重孩子的父母；強制孩子的父母等等，這些都會被孩子們理解為「不愛」。孩子內心是最為敏感的，當有人真正發自內心地去照顧他們，關心他們的心理變化，耐心地陪伴他們成長時，他們認為這才是「愛」。而對於孩子們來說，更願意和「愛」他們的人親近。

愛孩子，就用孩子喜歡和接受的方式。只有這樣，孩子才不會在你面前沉默；只有這樣，才不會破壞父母與孩子之間那份天然的親近感。

Part 4　少兒期（6～9歲）—我是一名國小生

第七節　孩子愛說謊話怎麼辦

當孩子一天天長大時，在他們身上出現的問題也會越來越多。其中，說謊是讓大人頗為頭疼又惱火的一個問題。孩子這麼小就開始說謊話，不誠實，長大了還了得？因此，面對孩子的撒謊行為，父母們少不了批評責怪孩子，也迫切需要了解孩子說謊的原因和應對辦法。

對於孩子的說謊行為，父母其實大可不必過度憂心，也不需要一味地批評責備。我們不妨先來找一找孩子說謊的原因。

快滿9歲的甜甜是一個非常可愛的小女孩，乖巧懂事，深得全家人的喜愛。但是她也有一個小毛病，就是愛說謊。比如有一天，甜甜一個人待在家裡玩的時候，因為想要拿到桌子頂部的一個布娃娃，不小心把書架上的一個花瓶碰掉摔碎了，甜甜很擔心會被爸爸媽媽罵，於是她看著小花貓想到了一個好主意。等爸爸媽媽一回來，甜甜馬上把媽媽拉到摔碎的花瓶面前告訴媽媽：「媽媽，媽媽，我今天正在臥室看書的時候，突然聽到一聲響，出來一看，花花（小貓的名字）蹲在花瓶原本的位置上，而花瓶已經掉在地上摔碎了。」看著旁邊「喵嗚喵嗚」叫著的花花，媽媽有些將信將疑。

還有一次，甜甜在廣告上看到一個小女孩幫媽媽洗碗，於是她也想幫媽媽洗碗。趁著媽媽在書房看書時，甜甜跑進廚房

第七節　孩子愛說謊話怎麼辦

拿起一個乾淨的碗在洗碗池裡洗。突然,「哐」一聲,甜甜手裡的碗掉在了地上。媽媽聞聲趕過來,看到她正一臉愧疚地站在那裡。過了一會兒,甜甜小聲地告訴媽媽:「媽媽,我們老師說了,今天回來要觀察一下碗的形狀,然後寫在日記裡。我只見過碗完整的形狀,但沒有見到過碎了之後的樣子,所以剛剛拿起碗,它就破了。」說完,甜甜擔心地看了看媽媽。

類似這樣的行為,甜甜已經發生了好幾次。其實,媽媽也知道甜甜是在說謊,但是並沒有直接拆穿她的謊言,而是和她說了一些其他事情。媽媽透過聊天的形式得知事情發生的真相。媽媽也經常告訴甜甜,不要說謊,誠實的孩子最可愛,自己做錯了事情就要有勇氣去承擔過錯。每次聽後,甜甜都認真地點點頭,表示自己記下了。

可是過了幾天後,甜甜還是會說謊。她會因為想要在外面玩一會兒,而告訴媽媽作業在學校已經完成了;作業沒有寫完,第二天到學校她會告訴老師作業本忘在家裡了,直到媽媽被叫去開家長會才知道。面對甜甜的說謊行為,媽媽簡直無計可施。

上面的故事在生活中也很常見,甚至可能就發生在自家孩子身上。甜甜雖然愛說謊,但其實她沒有惡意,只是害怕受到責備。即使媽媽告訴甜甜說謊話是一件不正確的事情,但甜甜還是忍不住擔心,所以依然會選擇繼續說謊。由此可見,大多數孩子說謊其實都是被動的。這時期的他們還處於「好孩子」的道德標準階段,在內心深處希望自己永遠可以得到別人的表

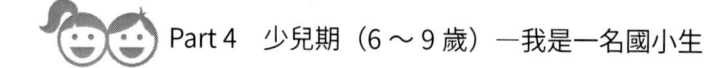

Part 4 少兒期（6～9歲）—我是一名國小生

揚，做別人眼中的好孩子。所以當他們做出一件與「好孩子」標準不符的事情時，就會找一些藉口或者理由去掩飾發生的錯誤行為，並藉以逃避來自外界的懲罰。

也有些時候，孩子們說謊是因為他們想給自己不合理的行為找一個合理的藉口。比如孩子明知道偷偷地將別人的東西拿回家的行為是不妥當的，但是由於他們以「自我為中心」習慣了，所以覺得任何東西哪怕是別人的，都可以先拿回家玩玩。與此同時，來自父母長久以來灌輸的道德思想，又讓他們覺得偷拿別人東西是不合適的。於是他們就開始說謊：可能會告訴爸爸媽媽，今天在學校交了一個好朋友，他們還互換了玩具，並得意地拿出來給爸爸媽媽看。孩子說得合情合理，父母很難不相信這不是真的。孩子不合理的行為在一個謊言下就變得合理起來，同時他們也不用擔心爸爸媽媽會讓自己把東西還回去了。這就是孩子說謊的初衷。

還有些時候，孩子們說謊可能是因為他們沒有很好地將現實和想像區分開。一個剛剛6歲的小男孩對來家裡做客的小姐姐說，上週爸爸帶他去了一個超級大的動物園，裡面不僅有獅子、老虎，還有非洲象、熱帶雨林，他們還看到了花蟒蛇。孩子的媽媽在一邊聽後忍俊不禁，這明明就是他們週末做的「逛動物園遊戲」。不過看著孩子說得繪聲繪色，媽媽也不忍心拆穿他。後來，那位小姐姐滿臉羨慕地央求爸爸媽媽帶她去。等到姐姐走後，媽媽對小男孩說：「孩子，你剛才和姐姐說的是真事嗎？我

第七節 孩子愛說謊話怎麼辦

們上週並沒有去動物園啊！」「可是爸爸說了，我們就是在『逛動物園』。」聽了孩子的回答，媽媽也無言以對。她知道孩子是把想像和現實混淆了。這樣的事情發生在年齡較小的孩子身上，還是很正常的，由於他們的想像力很豐富，而現實生活中有時候又得不到滿足，就容易把「臆想」當真。如果孩子是因為這種情況而受到責備的話，孩子的內心是不是就會覺得委屈呢？

說謊產生的原因是多樣的，說謊行為的發生也是正常的。由美國和英國的科學家組成的一個研究小組透過實驗發現，孩子說謊也存在一定的積極意義。說謊的孩子為了讓自己的謊言更合理，他們往往需要調動更多的邏輯能力和語言創造能力去編織謊言，因此在某種意義上說，他們會比一般的孩子更加聰明。說謊更像是孩子的第二天性，不過，即使如此，我們仍然不提倡或鼓勵孩子說謊，必要的情況下，還是需要對孩子進行一定的引導，讓他們的聰明更好地發揮在其他的地方。

關於孩子的說謊行為，父母需要區別對待。對於孩子的非故意撒謊行為，比如上述現實與想像混淆的情況，我們可以順著孩子的思維去引導他們的合理想像，並且最終將這種想像引入現實，讓孩子明白現實和想像是有區別的。以上文中的「逛動物園」為例，媽媽可以一邊跟隨孩子的想像回憶動物園裡的場景，一邊提醒孩子「這個可以摸嗎」、「大蟒蛇會不會下來咬人啊」，這時孩子可能就會發現自己正在想像，這時媽媽可以告訴孩子：「我們這個週末去動物園怎麼樣？看一看我們這裡的動物

Part 4　少兒期（6〜9歲）—我是一名國小生

園和你所說的動物園有什麼區別。」這樣，孩子很容易就會從想像中走出來。

對於孩子因為逃避懲罰而產生的說謊行為，父母可以先反思一下，是不是因為自己以往對他們犯錯時存在失當的行為，如打罵，這會導致孩子因為害怕受到懲罰才說謊。如果有這樣的行為，我們就需要先向孩子承認自己的錯誤，並且告訴孩子，勇於承認自己的錯誤才是最勇敢的。即使孩子真的犯了什麼嚴重的錯誤，我們需要明白，孩子畢竟是孩子，沒有什麼是不可以原諒的。棍棒是解決不了問題的，只會迫使孩子下次想辦法逃避懲罰。

如果孩子用說謊替自己的行為找合理藉口，需要明確讓孩子知道，他們其實這樣做更不合理，可以讓孩子嘗試著想出真正合理的方式。比如當孩子拿了別人的玩具謊稱是自己撿的時候，爸爸媽媽可以讓孩子站在別人的立場上去想一想：如果你心愛的玩具不見了，你會不會傷心啊？你弄丟玩具的心情就是另外一個小朋友此時的心情。我們不能把自己的快樂建立在別人的痛苦之上，對嗎？因為孩子們的同理心都是很強的，很容易就由己及人。但是他們也會因為特別想將別人的玩具據為己有，而拒絕同情別人。這時候爸爸媽媽也可以引導孩子透過合理的途徑獲取自己喜歡的玩具，比如幫爸爸媽媽做家務賺取零用錢，或者是生日禮物的期盼等等。孩子們的心思總是既單純又直接，同時自我控制力也很弱，所以就需要父母好好地引導。

第七節 孩子愛說謊話怎麼辦

最後,為了避免孩子在說謊的路上越走越遠,我們還需要以身作則,為孩子提供一個良好的成長環境。不管工作有多忙,都要安靜下來多與孩子談談心,傾聽孩子內心的想法,讓孩子在一個充滿關愛的環境中健康成長。

本章小結

伴隨著孩子的成長,家長和老師的責任不是越來越輕,而是越來越重。當看到孩子背上小書包可以獨自走進校門時,我們眼裡的孩子已經長大了——這不僅是孩子成長的自然現象,同時也是孩子的心理需求。面對長大的孩子,家長一方面內心感到欣慰,另一方面卻不捨得放手,還是會把他們當成小孩子看待。這種矛盾的心理同樣會表現在我們的行為上,一方面不像小時候那麼時時刻刻去關注孩子,另一方面卻還是不放心地凡事任由他去做。以至於孩子在需要關注的時候,卻沒有得到我們的關注,需要尊重的時候,也沒有得到應有的尊重。在這種矛盾交織下,孩子時而焦慮,時而沉默,時而對上學沒有興趣,時而會對父母的過度干預產生反感。這些都將不利於孩子的健康成長。很多時候,我們總是按照自己的想法去安排孩子的道路,但卻忽略了孩子真正需要的是什麼。

對於初入國小的孩子,一切看似很簡單,卻又有著千絲萬縷的連繫,孩子心裡的每一個細小的變化影響著他們

Part 4　少兒期（6～9 歲）─我是一名國小生

對周圍事與人的評價，反之，又影響著他們心理的成長。而這一切都和孩子的心理發育有著密切的關係。「世界上沒有完全相同的兩片樹葉」，孩子更是如此。沒有一個人的教育經驗可以複製在自己孩子身上，我們唯一需要做的就是，從內心真正地去關心孩子、尊重孩子，讓孩子在愛與自由中快樂地成長。

Part 5　孩童期（9～12歲）
── 小小少年煩惱多

9～12歲是孩子兒童期的最後一個階段，他們從懵懂開始走向真正的自我獨立。如果說9歲之前的孩子還算聽話，那麼過了9歲就會明顯感覺到他們彷彿在一夜之間長大了，有了自己的思想，凡事開始傾向於自己做主，言語中開始越來越多地出現「不」、「我認為」等有著強烈自我意識的詞彙。同時，隨著大腦的逐步完善，孩子們的課業難度也在增加，伴隨著他們身體和心理上發生的諸多變化，小小少年開始變得有煩惱了。

Part 5　孩童期（9～12歲）─小小少年煩惱多

第一節　請尊重我選擇的權利

　　9歲以上的孩子大多數已經進入了國小中年級或者高年級，隨著他們記憶力和思維發展水準的提高，學校和社會對他們的學習內容也做出了調整。許多孩子開始感到學習困難，甚至還有厭學的情緒，於是家長們開始單方面地為提高孩子的成績買各種輔導書、報名補習班等。而孩子們，則從心底非常排斥父母這種做法。

　　龍龍是一個9歲的男孩，今年下半年他將升上國小四年級。但是在三年級下學期時，他的成績開始出現下滑的趨勢。和很多同齡的孩子一樣，龍龍上了各式各樣的補習班。雖然龍龍爸媽原本排斥這些輔導班，但知道孩子的成績退步後，毅然決定再替他報3個補習班：英語、數學和繪畫。前兩個是國小生一般都會選擇的科目，繪畫是因為媽媽覺得龍龍的耐性有待提高，所以希望透過學習繪畫讓他安靜一些。剛放暑假，龍龍還沒有得到徹底的休息，早上就被媽媽叫了起來。龍龍對媽媽說：「我不能再睡5分鐘嗎？我真的很累呀！」媽媽以為龍龍是偷懶，果斷地拒絕了他的要求。於是可憐的龍龍假期過得比上學還要慘，每天早出晚歸。

　　一日，龍龍在去補習班的路上看到公園裡一群小男孩在踢足球，他非常羨慕。龍龍請求媽媽說：「媽媽，我今天可以不去

第一節　請尊重我選擇的權利

上補習班嗎？妳幫我請一天假吧，我想踢足球。」「不行，已經繳錢了，怎麼能說請假就請假，你看見人家在玩，你怎麼沒想想你玩的時候，人家可能在讀書呢？不要再說了，快點走吧！」本來就對補習很厭煩的龍龍，這下也開始執拗起來了，站到路邊任憑媽媽怎麼叫也不走，媽媽氣得伸手就準備打他。豈料龍龍直接對著媽媽喊道：「你們替我報這些補習班，徵求我的意見了嗎？尊重過我選擇的權利了嗎？」說完，扭頭哭著跑開了。後來，媽媽費了半天的勁才拉住龍龍，把他帶回了家。

「你們尊重過我選擇的權利了嗎？」這不僅是龍龍的抗議，更是許多和龍龍一樣的孩子的心聲。孩子們一般到了高年級階段，老師都會要求他們在課下多讀一些名著。為了響應老師的號召，媽媽便帶著10歲的珍珍去書店買了《論語》、《孟子》、《安娜‧卡列尼娜》等中外名著，在選這些書之前，媽媽並沒有給她選擇的機會，在結帳的時候，珍珍小聲地對媽媽說：「媽媽，能不能幫我買一本×××的小說啊？我好想看。」「那是誰啊？聽都沒聽過，不要看一些亂七八糟的書，沒有用的。媽媽幫妳選的都是世界名著，對妳有好處的。」聽後，悶悶不樂的珍珍只好跟著媽媽回到了家。在媽媽的監督下，珍珍每天都會看十幾頁的名著，但是她真的一點興趣也沒有。其實，珍珍好想和媽媽說：「請尊重我選擇的權利。」

家長和老師們或許會認為，替孩子選擇的都是為他們好的，孩子在這個時候還沒有明辨是非的心智慧力，所以代替他們做選

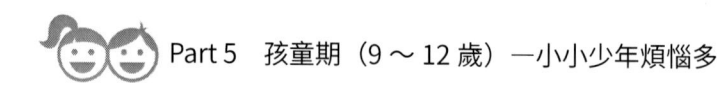

Part 5　孩童期（9～12歲）—小小少年煩惱多

擇也是很正當的。但是這種想法看似正當合理，卻忽略了一個最重要的因素：我們面對的是一個有思想的群體——隨著孩子們一天天長大，他們獨立的不僅是身體，還有思想，以及強烈的自我意識。在心理學家皮亞傑看來，隨著孩子們在認知上進入抽象思維時期（形式運算階段），他們的思維也不再受具體的經驗或者客觀世界的限制，父母或者老師的要求也不再是他們遵從的對象，相比之下，他們更願意相信自己的判斷，哪怕不夠正確。

　　與孩子們突然覺醒的強烈自我意識一起產生的，還有不斷增強的自尊心。這個時期的孩子對「我」特別看重，以至於他人稍不留意就會使孩子產生一種不被尊重的感覺，並因此產生強烈的反抗心理。這種狀況尤其易發生在孩子與父母之間。受中國傳統思想的影響，許多父母都願意把孩子當成是自己的私有財產，讓你往東就往東，讓你往西就往西，以「為你好」為藉口，強加許多自己的想法在孩子身上。這樣的行為如果發生在年齡較小的孩子身上，他們的反抗可能會比較少，但是對於有著自我意識和強烈自尊心的大孩子來說，他們會認為這是一種極大的不尊重，因此從心底會產生一種反抗的意識。這種反抗有時表現在語言上，有時表現在行為上，但總歸來講都是不配合。這種不配合不僅表現在對父母為自己安排的事情上，還表現在對父母所有的建議上，哪怕是正確的建議。

　　比如在上文的案例中，對於大多數孩子來說，他們都在學習英語、數學，還有閱讀一些名著。這些真的不合理嗎？如果

這個建議來自孩子們所喜歡的老師，猜想結果就大不一樣了。許多孩子在家中不聽爸爸媽媽的，但是對於老師交代的事情卻很積極，比如一位國文老師安排了暑假誦讀《國學經典》的任務，孩子一放假就纏著爸爸媽媽去買《國學經典》。這就是明顯的態度對比，這值得父母好好反思一下自己。

就像成年人在每一個階段都有不同的心理需求一樣，孩子們在成長的過程中也會有自己的心理需求。對於9～12歲的孩子來說，他們正處於心理發展的敏感期，從懵懂走向獨立，從看重他人的評價開始轉為自己對自己的評價，意識到自己是一個獨立的個體，也期望著自己可以像爸爸媽媽、老師等成年人那樣變得「強大」，想要自己的事情自己做主，有許多理想，但實現起來似乎又非常遙遠。這時候他們就會迫切希望得到自己喜歡的人，比如父母或者老師的肯定，這種肯定像是促使他們前進的動力一樣，幫助他們擺脫成長中的煩惱，一步步地走向他們期待的未來。

明白孩子心裡所想，做父母的就會明白自己有多麼「自私」和粗心。因此，面對孩子「請尊重我選擇的權利」的呼喊時，作為父母至少可以從以下幾點來改進自己的行為：

◆ 第一，站在孩子的角度考慮問題

每一個成年人都是從兒童逐步成長起來的，在自己的成長過程中會累積許多有用而可靠的經驗，這些經驗可以幫助他人，卻

Part 5 孩童期（9～12歲）—小小少年煩惱多

不能代替他人成長，尤其是我們的孩子。每一個孩子都是獨立的個體，他們有自己的思想，也有自己的需求，他們只對自己感興趣的事情上心。所以作為父母，不要認為自己想的就一定是孩子想的，自己感興趣的孩子就一定會感興趣。多與孩子談談心，知道孩子心裡想的是什麼；在與孩子有關的事情上，多聽一聽孩子的意見，並以他們的意見為主；對於孩子提出來的問題，可以幫助他們分析，但一定不要直接否定。孩子的人生就讓他們自己去體驗，作為父母能做的就是陪伴。

◆ **第二，教會孩子選擇，尊重孩子的選擇**

每一個人都有自己選擇的權利，孩子有了自己的意識後，我們應該主動地多為孩子提供選擇的機會，讓他們在選擇中明白世界的豐富多彩，明白任何事情都不是只有一種解決方式，讓他們在選擇中發現自己真正的興趣所在。在孩子做出選擇之後，試著去理解孩子的選擇，尊重孩子的選擇，必要的時候還可以陪著他們一起做出他們的選擇。無論是成功還是失敗，都讓孩子明白選擇的背後意味著勇氣和責任，讓他們以自己探索世界的方式獨立成長。

◆ **第三，關心孩子成長，不以分數定好壞**

沒有哪個父母願意承認自己的孩子比別人的差，父母賦予孩子生命，是為了讓孩子感受到生活的樂趣所在，而不是為了自己所謂的面子。所以當孩子分數沒有別人高時，並不意味著

自己的孩子就比別人的差。每一個孩子都是不同的，他們都有著自己的優點，功課不好但是才藝了得，沒有運動天賦但是有藝術感知力，即使哪一項也不突出，但是只要孩子身心健康，就一定不會比別人差。更重要的是，孩子的成長需要被尊重和被支持，越是成績差的孩子就越需要，這是激發孩子們奮發向上的原始力量。

◆ 第四，多肯定，少責備，替孩子留面子

大人們不要覺得小孩子還不懂得什麼是面子，事實上，在他們自尊心覺醒的那一刻，他們就明白了成年人所謂「面子」的意義。孩子們剛剛成長起來的自尊心都是很脆弱的，因此他們需要許多的肯定來維持。在孩子的成長過程中會不可避免地犯錯，但不管是有意的還是無心的，父母在批評孩子的時候都要先去弄清錯誤背後的原因，先肯定孩子好的一方面，滿足他們需要被尊重的心理，再溫和地指出孩子的不足之處，這時孩子們就會比較容易地接受所犯的錯誤和責備。不過，無論是溫和的還是嚴厲的責備，請記住都不要在公共場合，或者是當著別人的面進行，這會嚴重傷害到孩子的自尊心，傷了他們稚嫩的面子。

尊重是一種態度，更是一種行為。在日常生活中，父母們學會尊重孩子選擇的權利，就邁開了尊重孩子最重要的一步。

Part 5　孩童期（9～12歲）—小小少年煩惱多

第二節　送一面鏡子給女兒做禮物

如果你家裡有一個正在讀國小高年級的女孩，會不會發現她的身上正發生著某種變化？會不會發現孩子每天早上在鏡子前的時間越來越長，對自己所穿的衣服也越來越挑剔，總是喜歡將自己打扮得漂漂亮亮的，甚至會在媽媽不在家的時候悄悄地塗抹媽媽的化妝品？對於孩子的這種變化，你是喜還是憂呢？

不管是女兒還是兒子，父母都有著同樣的擔憂。他們會越來越在意自己腳上穿的鞋子是不是夠白，髮型是不是夠帥，外套是不是今年的最新流行款？他們會因為不想穿一件舊棉襖而忍受著寒冷穿上自己認為帥氣的夾克，他們也會因為自己今天的衣服不好看而難過得連學都不想上。現在的孩子這麼早就已經知道了「臭美」——這真是一件令父母們無比頭痛的事情。

相較於國外的國小生，臺灣的孩子還算是比較「收斂」了。據國外媒體報導稱，現在國外很多五六年級的女生幾乎都是帶妝上學，有些女孩甚至書包裡整日帶著成套的化妝品，方便下課時補妝。媒體採訪這些小女孩，她們的回答是大家都化妝了，如果自己不化就顯得很土。看來，愛打扮已經成為普遍發生在各國國小生身上的事情了。

儘管如此，父母們依然做不到「見怪不怪」。許多家長對於

第二節　送一面鏡子給女兒做禮物

孩子愛打扮的行為還是持有強烈反對的意見，尤其是女孩子的家長。有些保守的父母甚至會認為，小女孩過分地打扮或者化妝是一種很不莊重的行為，會引起別人不好的評價。但也有些開明的父母認為，孩子愛打扮是一件好事，說明孩子比較注重自己在他人眼中的形象，這說明孩子具有一定的審美意識。

孩子為什麼會特別注重打扮呢？是「愛美之心」還是「虛榮心」使然？我們並不能輕易下定論，這需要慢慢地來了解一下。

首先，可以從了解孩子進行自我評價的方式入手。許多父母可能會發現這個時期的孩子，尤其是女孩子，對照鏡子情有獨鍾。她們特別喜歡照鏡子，並且會仔細地端詳鏡子中的自己，對著鏡子做出各式各樣的表情，孩子的這種行為或許會讓成年人很不理解。其實她們是在透過鏡子觀察自己，觀察自己的相貌和別人的有什麼不同，是美麗的還是不美麗的，做出不同的表情時，面部器官又會發生什麼樣的變化。對孩子來說，這實在是一件新奇又神祕的事情。孩子正是在這種觀察中一步步認識自己，了解自己。

與來自他人的評價不一樣，孩子對自己的評價和認知總是帶有某種「自戀」的情結，他們會對鏡中的自己百看不厭，同時感受到生命——自己的生命的神奇，為了讓生命呈現出最完美的樣子，他們開始變得愛打扮自己。所以說，愛打扮首先是孩子對自己的認可。俗話說「愛美之心，人皆有之」，孩子也不例外，當他們打扮後不僅可以帶給自己美的愉悅，還能引起他人

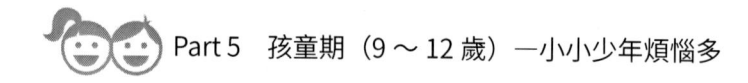

Part 5　孩童期（9～12歲）—小小少年煩惱多

的注意時，孩子們就會情不自禁地愛上打扮。

其次，愛打扮來源於青春期的性別認同心理。對於心理普遍比較早熟的孩子來說，他們的青春期在 10 歲以後就開始萌芽。伴隨著青春期身體特徵的發育，孩子們的性別意識也越來越明顯，而性別認同——孩子在心理上對自己性別的認同和接納——正是青春期的心理成長任務之一。這是一個很正常的心理發展過程，舉一個簡單的例子，在許多女孩的記憶裡，都會有偷抹媽媽唇膏或者偷穿媽媽高跟鞋的經歷，這是因為隨著年齡的增長，慢慢地對自己「女性」的性別產生認同，並且想要主動去做一些女性會去做的事情。這其實是一件好事情，至少父母們不用擔心孩子長大後會因為性別混淆而煩惱。但是由於孩子思維的局限性，有些事情他們想得並不全面，因此還是需要父母給予適當的引導。比如對於愛化妝的孩子，可以明確地告訴她，小孩子的皮膚比較嬌嫩，化妝品會對皮膚造成傷害。也可以在閒暇時，多帶著孩子去公園走走，領略自然美的真諦；或者帶孩子去看一些藝術展等，提高孩子欣賞美、理解美的能力。

最後，孩子愛打扮源自一種吸引他人注意的心理，是一種社交心理需求。雖說進入國小高年級之後，孩子對自己的評價已經不再依賴於周圍人的評價，但是隨著社會化的滲入，孩子也會有一定的社交需求，他們需要透過別人的認可來確定自己的社交地位，至少保證不被孤立，因此，他們有時候會為了引起別

第二節　送一面鏡子給女兒做禮物

人的注意而刻意地打扮自己，使自己成為受大眾歡迎的人。也就是說，到了高年級之後，來自同伴的意見對孩子行為的影響也越來越大。

在這裡有一個現象需要引起家長們的注意，那就是孩子在學校的人際關係。許多家長認為，對於國小生來說最重要的就是讀書，其他都不重要。其實，這完全忽略了人際關係對孩子在學校生活中的影響。受到自我獨立意識以及思維發展的影響，國小高年級的學生會將他們對父母的依戀轉移到同儕身上。我們會發現，有些孩子不願意去學校，並不是因為學業的壓力，而是因為人際關係不好，或者因被同學們孤立。這種不良的氛圍會嚴重地影響孩子的身心健康，也會進一步波及孩子對於讀書的興趣。就像有些孩子會因為沒有得到同學們都有的玩具而表現得情緒異常激烈，其實真正令他傷心的並不是沒有這個玩具，而是因為沒有這個玩具他就失去了和其他同學交流的機會，會產生一種被排斥在外的感覺。正如對國外國小生關於化妝問題的採訪中回答的那樣：「同學們都化妝了，如果我不化就會顯得很土。」同樣，如果別的小朋友都打扮得漂漂亮亮或者很帥氣的話，其他孩子自然也會跟隨著打扮，這不是虛榮心，而是孩子的一種社交需求。

當然，並不能否認孩子愛打扮也有可能是出於一種虛榮、攀比的心理。這源於整個社會的一種不良導向和父母帶給孩子的錯誤影響。有時候我們認為是孩子虛榮，但是卻忽略了孩子

的虛榮其實是父母潛移默化影響的。許多父母在孩子滿月的時候就大張旗鼓地給孩子辦滿月酒，把孩子從裡到外打扮得非常隆重；到了孩子稍大一點時，更是認為自己的孩子絕對不能比別人的差，總是費盡心思替孩子進行著各種「打扮」；為了讓孩子表現得更加漂亮或者是帥氣，父母們在過節的時候會給小女孩塗塗指甲、化個妝，或給小男孩穿上西裝，繫上小領帶等。當聽到別人對自己的孩子讚不絕口時，虛榮心得到了極大的滿足。喜歡聽好話的不僅是大人，孩子也在這種好話中慢慢養成追求穿戴的壞習氣 —— 因為他們認為這樣更容易引起別人的注意和讚美。當一個國小生因為他的同學穿了一雙名牌鞋子，就開始嫌棄自己腳上的不知名球鞋時，到底是誰灌輸給了他這種追求名牌的意識呢？

一個10歲的小女孩，因為愛照鏡子，喜歡模仿媽媽的樣子。在一次過生日前夕，她央求媽媽送一面鏡子當作生日禮物，媽媽便爽快地答應了。但是爸爸卻認為女兒這麼小就開始臭美，會分散讀書注意力，也會造成很多的麻煩。媽媽卻不以為然，還是遵守約定買了一面鏡子給女兒。此後，小女孩每天都會用這面鏡子來觀察自己。最初她覺得像媽媽那樣化妝是美的，但是後來她又發現自己不化妝的樣子更美。因為發現自己很美，所以她非常自信、活潑和開朗，在學校也頗有人緣。小女孩剛開始也喜歡像別的女生那樣打扮，但是慢慢地她發現，自己還是最適合穿一些簡單、樸素的衣服，她的同學並沒有因

此不喜歡她，因為開朗的笑容就是最美的化妝品。

當小女孩心裡有不開心的事情時，她也總是喜歡悄悄地對著鏡子裡的自己說——那是她最親近、最好的朋友。她在鏡子裡看著自己開心，看著自己難過，同時也看到了自己的優點和缺點，透過鏡子她知道自己開心的時候是最美麗的。於是她努力地改正自己的缺點，調整自己的心情，慢慢地長成了一個堅強美麗而成熟理性的女孩子。

作為父母，請你也送給孩子一面可以帶領他健康成長的鏡子吧！

第三節　我長大後要做一名飛行員

對於國小四年級以後的孩子來說，他們中的大多數已經有了自己的理想。

奇奇今年11歲，他的表哥是一名飛行員，奇奇從小就聽了許多關於表哥的故事。逢年過節每當親友們聚在一起時，談論最多的對象總是表哥。這讓奇奇非常羨慕。奇奇眼中的表哥是很屬害的，他能夠飛上天空，還可以周遊世界。據大阿姨說，表哥是很「金貴」的，他們都是「金蛋蛋」。稍微長大一點的奇奇也在心裡暗暗地給自己樹立了一個理想：我長大後要做一名飛行員。

Part 5　孩童期（9～12歲）—小小少年煩惱多

　　至於怎樣才能成為一名飛行員，奇奇並不知道，他的親友們也沒告訴他。奇奇害怕別人笑話自己模仿表哥，所以他沒有告訴其他人自己的理想。隨著高年級課業的難度越來越大，奇奇開始變得不愛讀書，他的興趣開始轉移到各式各樣的航模上。每當奇奇拿起手中的航模「飛翔」時，他彷彿真的飛上了天空，奇奇非常喜歡這種感覺。後來奇奇的愛好以及他的理想被同桌發現了，原來同桌的理想也是做一名飛行員。奇奇的同桌悄悄地告訴他：飛行員可以不用考大學，可以讀中正預校，畢業後報考空軍官校──怪不得奇奇看同桌也不怎麼愛讀書呢。從此以後，「志同道合」的兩個人更加為自己的不愛讀書找到了藉口，他們開始一起蹺課，一起去玩航模，一起做他們的「飛行員」夢。

　　奇奇的成績一落千丈，班導師找來了奇奇的爸媽，和他們一起討論了奇奇的情況。從老師的口中，奇奇媽媽才知道了奇奇的理想，奇奇的爸爸也明白了兒子功課退步的原因。一回到家，不等媽媽開口，爸爸就大聲地斥責奇奇：「就你這樣還想做飛行員啊，不好好讀書，將來連工作都找不到，等著去撿垃圾吧。你說說……」奇奇媽媽在一邊乾著急，插不進去話。爸爸的怒氣終於發洩完了，奇奇被教訓得一把鼻涕一把淚的，抽抽搭搭地回自己房間了。一進房間，奇奇就把房門反鎖上了，媽媽怎麼叫他都不開。等爸爸出去後，奇奇媽媽找來鑰匙，開門看到奇奇把許多學校用的書都扔到了地上，手裡抱著一個航模正蹲在床邊發呆，連媽媽進來都沒有發現。看到這種情況，媽媽一時也不知道該怎樣勸慰奇奇。

第三節　我長大後要做一名飛行員

　　生活中的你有沒有遇到過這種情況？你是否發現當孩子逐漸長大以後，他們開始有了自己的理想呢？儘管大多數時候，他們都像案例中的奇奇一樣空有理想，卻不知道如何實現，有的理想甚至非常不切實際，比如想成為體育明星或者歌星。雖然大多數的父母和老師都認為孩子有理想是好事，但是面對孩子們過於脫離現實的理想，卻不能正確對待，可能許多人也像奇奇的爸爸一樣，要麼出言譏諷，要麼無情打擊，殘忍地剝奪了孩子做夢的權利。

　　進入國小高年級以後，隨著知識結構的改變，課業難度增加，孩子們的大腦發育也在進一步完善。他們的獨立性增強，尤其是自我意識，這時的孩子會有一種強烈的成長欲，強烈地渴望自己長大，而只有成為他們認為的成年人的樣子──比如飛行員、詩人、歌唱家等，他們才認為自己長大。另一方面，由於孩子們的知識和好奇心不成正比──知識貧乏，但好奇心卻很強，導致他們的想法總是顯得有些不切實際，這種特點使他們的想法容易被成年人忽略，不以為意。兩種情況構成一種矛盾，一邊是孩子急於用理想的美夢來滿足自己成長的欲望，另一邊是成年人對孩子不切實際的幻想的否定，當兩者產生衝突時，由於成年人的強勢，往往受傷的總是孩子。因此我們常說，國內不缺乏有理想、有夢想的孩子，而是缺乏允許孩子做夢的家長和讓夢想成長的教育環境。孩子的理想哪怕是不切實際的幻想，對孩子的成長也是非常重要的。換一個角度來看，

Part 5　孩童期（9～12歲）—小小少年煩惱多

孩子心中不切實際的心理活動也恰好說明了他們的興趣很廣泛，對自己不熟悉的領域求知心切。既然如此，作為家長和老師，與其「蠻橫」地阻止，倒不如好好地引導孩子。

生活中的另外一個情況也會影響我們關於「理想對孩子是好是壞」的判斷。在孩子進入國小高年級之後，和他們的理想同時迸發的還有成績的退步。對此，有些家長可能會產生困惑：有了理想的孩子，讀書不是應該更有動力、成績不是應該更好嗎？為什麼反倒退步了呢？

這其實是兩件事情。進入國小高年級後的孩子，成績退步是普遍存在的客觀情況，因為無論是從知識的結構還是課業的難度上，高年級與低年級都有了明顯的不同，而孩子們內心在調節這一不同時必然會產生短暫的不適應，甚至產生一種厭學情緒——這是導致孩子成績退步的罪魁禍首。這種課業上給孩子帶來的壓力或者是由於成績退步所產生的失落感，使孩子迫切需要找到另外一種「替代物」來使自己擺脫這種情緒，萌芽於此時的理想就成了他們最好的選擇——理想既可以讓孩子在想像中滿足成長的願望，同時又可以讓他們在探索中感受另類知識所帶來的樂趣。

孩子們的這種心理表現在他們的行動上，很容易給家長和老師造成一種假象——他們天天想一些亂七八糟的事情會耽誤了功課。為此，許多家長會告訴孩子：「你現在最重要的任務就是好好讀書，別想些亂七八糟的事情。」於是，一個我們無意中

第三節　我長大後要做一名飛行員

對孩子使用的「禁果效應」——越禁止越有效——最終造成了孩子因為理想而耽誤學業的實際效果。

我們為什麼不試一試另外一種做法呢？

正在讀國小四年級的小然一次在電視上看了關於李白的紀錄片後，便立志長大後要做一名詩人。媽媽問小然為什麼要做詩人？小然卻只回答媽媽：「妳看李白不就是詩人嗎，多瀟灑啊。」原來小然嚮往的是李白的風度。爸爸在一旁聽了小然的話覺得很好笑，但是他並沒有取笑小然，也沒有告訴小然，李白也有落魄的時候。而是微笑著告訴小然：「李白之所以可以瀟灑，是因為有才華啊。你看李白的時代都過去了這麼久，大家還在吟誦他的詩，還都非常尊敬他呢。這種才華可不簡單，都是真才實學，而且他不光要讀很多書，累積深厚的文學功底，還要有觀察力和想像力呢。」

小然成長的這個時期正是爭強好勝的時候，他覺得爸爸在小看自己。於是不服氣地對爸爸說：「那我也可以讀很多的書，我也有想像力和觀察力啊！」「那很好啊，」爸爸也順勢鼓勵小然道，「爸爸媽媽一定支持你成為一名詩人。」後來，小然的爸爸也用實際行動兌現了自己的諾言，幫小然買了許多學習詩歌創作的書，還買了名家的詩歌集讓他學習。另外，爸爸媽媽還利用假期帶小然參觀了許多名勝古蹟，鼓勵小然將自己的見聞寫成詩歌。

在爸爸媽媽的鼓勵和支持下，小然雖然還沒有成為一名詩人，但是他的寫作水準卻提高了許多，對文學的興趣也越來越

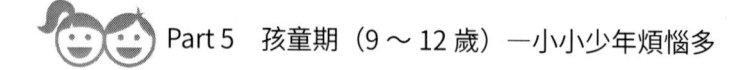

Part 5　孩童期（9～12歲）─小小少年煩惱多

濃厚。看到小然的這些變化，爸爸甚是欣慰。這種文學上的興趣所帶來的成就感也影響到了小然對讀書的興趣，在整個國小至中學階段，小然的成績都名列前茅。

看了小然和小然爸爸的故事，我們不能不承認小然爸爸的教育是很成功的。對於孩子不切實際的夢想，我們也可以像小然爸爸一樣採取因勢利導的辦法，「大處著眼，小處著手」，既鼓勵孩子去實現他的夢想，同時也不忘引導孩子腳踏實地地從日常生活中循序漸進，一點一點地為夢想而努力。這個方法在學校也同樣適用。老師對於學生不切實際的理想也可以利用「移情」的方式，讓學生將自己對理想的熱忱轉移到自己力所能及的事情上，如對於想做書法家的孩子，老師可以告訴他，書法家也都是從一筆一畫開始練習的，所以現在就要一絲不苟地把字寫好，引導孩子一步一個腳印向自己的理想靠近。

對於孩子的理想，還需要澄清一點：理想是孩子自己的，我們可以去引導，但是不能替孩子做主。許多大人都曾犯過這樣的錯誤，總是一遍一遍地問孩子你長大後想要做什麼？當孩子的回答不如自己的意願時，就會忍不住糾正孩子，比如當孩子回答「我想當農夫」時，猜想許多家長都會說當農夫很累的，天天面朝黃土背朝天，收入也少。但是卻忘記告訴孩子，農夫自己種糧自己吃，忘記告訴孩子勞動最光榮。對於孩子來說，理想就是夢想，在他們的心中本無好壞之分，會區分的只有經過社會浸染的成年人。大人們總是習慣於為孩子設計他們的理

想，希望孩子上名校，將來找個好工作，捧個好飯碗，卻忽略了孩子的世界沒有這麼多的功利——功利只會讓孩子停留在輸不起的恐懼中，扼殺夢想的空間裡。

因此，對於孩子們的理想或者是夢想，我們唯一能做的只有傾聽。傾聽孩子的夢想，引導孩子為自己的夢想而努力。終有一天，我們會聽到孩子的夢想開花的聲音。

第四節　國小生也會談「戀愛」

伴隨著青春期的到來，許多孩子在國小階段紛紛開始談起了「戀愛」。對此，許多老師和家長大感棘手。然而我們有時候不得不多問自己一句：國小生真的會談「戀愛」嗎？

阿華是一名國小五年級女孩，她上個學期剛轉到現在所就讀的學校。阿華來自農村，她的父母都在這座城市工作，所以她也跟隨父母來到了這裡。在農村上學時阿華讀書就非常刻苦，成績也很好。進入新學校後，阿華依然讀書很刻苦，但是她和其他同學的差距卻越來越大。尤其是在英語學科方面，由於阿華在農村時沒有學過英語，因此初次接觸起來也感覺比較吃力。阿華是個很虛心的孩子，她在課下總是請教一些英語成績優異的同學，慢慢地，英語成績也有了一定的進步。為了幫

Part 5　孩童期（9～12歲）─小小少年煩惱多

助阿華盡快適應新學校，更好地提高成績，老師在一次調整座位時，特意安排了一名英語成績很好的男同學小昭和阿華做同桌。在小昭的幫助下，阿華的英語成績進步很快，課堂發言也變得很積極。在週測驗時，阿華的英語成績已經位於班級的中列，這讓老師感到非常欣慰。

由於班級的座位一般都是一學期調整一次，有時候也會臨時調整，到了新學期的時候，老師照例又該調整座位了。但阿華還是很想和小昭做同桌，於是她悄悄地找到老師，不好意思地對老師說：「老師，我還想和小昭做同桌，可以嗎？」老師以為阿華是想向小昭學習英語，考慮到小昭確實對阿華的學習有幫助，於是就答應了。

不久，老師發現阿華開始變得愛打扮了，上課也總是分心，成績非但沒有繼續提高反而有些下降。她變得也越來越安靜，不愛發言，有時候還一副心事重重的樣子。老師以為阿華的家裡發生了什麼事情，準備抽時間和阿華聊一聊。沒等到老師和阿華談話，阿華的同桌小昭卻先找到了老師。一天下課鈴剛響，小昭便急急忙忙地跑來找老師，滿臉通紅地將一張紙條交到老師手裡，還著急地辯解道：「老師，我沒有啊，我真的不知道是怎麼回事。」老師展開紙條一看，原來是一張阿華寫給小昭的紙條，大意是想和小昭做朋友之類的。看著小昭急得快要哭的小臉，老師安慰他說：「沒什麼的，你先回去上課吧。她只是想和你做個朋友，可能方式不太合適，你也不要多想，這件事情千萬不要告訴其他同學，好嗎？」小昭點點頭走了。

第四節　國小生也會談「戀愛」

　　知道了事情始末後，老師想了又想，找到了一個她認為比較合適的方式。在下午體育課的時候，老師藉故讓阿華幫助檢查作業，和她一起留在了教室裡。阿華似乎已經意識到了老師的用意，她臉漲得通紅，看著溫和地微笑著的老師，阿華吐露了心聲：她其實對小昭是充滿了感激的，小昭幫助她補習英語，幫助她提高成績，這些都讓她感到很溫暖。其實她自己也不知道對小昭是一種什麼樣的情感，就是覺得自己很喜歡小昭，而且今天是她的生日，所以她才鼓起勇氣……聽完阿華的話，老師親切地拍了拍她的肩膀說：「謝謝妳能信任我。同時我也想告訴妳，其實在你們這個年齡層有這樣的情況是很正常的，但這只是同學之間的友愛，小昭幫助妳，妳心存感激，所以會看小昭什麼都好，這和成年人之間的異性感情是不一樣的，妳可以感激小昭，也可以和他做朋友，但是不一定非得認為是像成年人那樣的異性朋友，或者是談戀愛……」聽了老師的話，阿華也覺得自己有些荒唐，她明白了什麼是同學之間的友愛，為自己曾經的想法感到羞愧。從那以後，她將所有的精力重新放到讀書上，又變成了以前那個開朗活潑的阿華。

　　看了上面關於阿華的故事，你認為她是在「單戀」嗎？故事中的老師處理方式合適嗎？其實在生活中，我們會遇到許許多多的「阿華」，但是他們卻未必能夠幸運地遇到故事中的那位老師。大多數國小高年級的孩子已經開始了屬於他們的青春期，伴隨著第二性特徵的出現，他們會對異性產生一些關注和朦朧的情感，這些都是很正常的。對異性的態度在不同年齡層（或者

Part 5　孩童期（9～12歲）—小小少年煩惱多

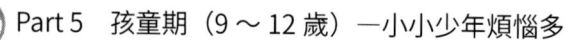

是心理年齡）的孩子身上也會有不同的呈現方式。比如稍小一些的孩子通常會表現得男女界線分明，在一個集體中，男生或者女生喜歡結成同性小團體，相互譏諷對抗，最有代表性的莫過於課桌上的「楚河漢界」；而大一些的孩子們則會因為好奇而產生吸引，表現為過往甚密，如放學一起走、一起出去玩、一起做作業等。後者很容易被我們視為「談戀愛」。由此可以得知，許多所謂的「青少年戀愛」並不是真正意義上的戀愛。

同時，由於進入青春期的孩子們個體獨立意識比較強，他們因為急於擺脫父母，所以很容易對成人產生牴觸情緒，家長越不讓做什麼，他們偏偏要去做。當然，在父母視之為「談戀愛」的行為上更是如此。

曾經有相關調查顯示，目前 80% 的「青少年戀愛」行為都與父母的態度和家庭環境有關。根據佛洛伊德的心理發展理論，人一般從 11 歲左右開始進入青春期，進入青春期後最明顯的特徵就是容易產生性衝動和容易產生與牴觸成人的情緒。性衝動的主要表現為對異性的好奇和嚮往，這或許是我們對孩子「談戀愛」行為進行界定的主要依據。因此一旦孩子談了戀愛，許多家長都是馬上制止，他們的理由大多都是談戀愛會影響到孩子的課業。家長們會不顧孩子的心理感受進行制止，這從另一個側面也增加了青春期孩子心底原本就存在的對成人情緒上的牴觸。於是，「談戀愛」往往會弄假成真。這些在無形中大大增加了國小階段孩子教育問題的難度。因此，我們必須要慎重

222

第四節 國小生也會談「戀愛」

對待這類問題,同時,處理方式也一定要妥善。

對於國小生「談戀愛」的問題,首先要正視其存在的合理性和普遍性。每一個成年人都是從各自的青春期成長起來的,我們可以遺忘卻不能否認青春期對異性情感的產生是一種自然而然的感情流露,是一種生理和心理的需求。正如蘇聯教育家馬卡連柯說過的那樣:「戀愛是不能禁止的。」如果真的要去調查,就會發現這種朦朧的情愫在國小高年級學生中所占比率為70%以上,只不過有些比較隱蔽,有些比較明顯而已。因此對於這種「成長」中的需求,家長需要做的就是尊重。

其次,對於國小生「戀愛」需要正確地看待。事實上,正如上文所說,許多所謂的「戀愛」並不是真正的戀愛。對於年齡尚小的孩子們來說,他們甚至都不明白什麼是愛,就強行被扣上了「戀愛」的帽子。國小生談「戀愛」,其實只是行為上的一種模仿 —— 他們在模仿成年人之間的親密方式,但是他們的情感卻只是一種單純而普通的情感,不過與其他同學相比,交往過密罷了。這種交往有可能會對讀書造成不好的影響,但也有可能促進成績的進步。發現這種情況後,家長和老師既不能過分對待,也不能視而不見,而是要對其進行正確的引導,讓他們明白什麼是正確的交往,正確區分友情和愛情,並讓他們知道交往的基礎是什麼,引導孩子擴展自己的交友圈,在與更多人的交往中尋找交往的樂趣。

最後,對於「談戀愛」的國小生,父母需要給他們提供一個

Part 5　孩童期（9～12歲）—小小少年煩惱多

溫暖、充滿愛的家庭環境。有些孩子的家庭中存在一些問題，要麼是父母關係不和，要麼是家庭破裂，或者是父母長期不在身邊。由於在家庭中尋找不到溫暖，面對來自外界異性的溫暖時，孩子們就會容易被吸引。這時候決定他們戀愛與否的就不只是身體內的「荷爾蒙」，還有情感方面的因素。即使是在孩子「談戀愛」以後，溫暖、充滿愛的家庭環境也有利於孩子從「戀愛」中走出，恢復正常的生活。受道德因素的影響，許多孩子在和其他異性交往以後，自身都有一種「負罪感」，這種感情讓他們不敢和同學、家長傾訴，也不敢公開自己的行為，這種私下進行的活動會大大分散孩子的精力，影響他們的功課。但是如果父母平時讓孩子感覺到自己的親近，是一個可以信任、可以傾訴的對象時，孩子也許在傾吐心聲的同時，慢慢地就轉移了原本只放在某個異性朋友身上的心思。總而言之，平等、尊重、寬鬆的成長環境對孩子的成長是大大有利的。

　　人生就像是乘坐一輛列車一樣，每一階段都有各自的風景，而「戀愛」是有了愛的能力後才能夠欣賞的。所以，我們必須告訴孩子，眼下有更美的風景在等待著我們，它不容錯過。這就是引導，這是尊重之外最需要我們做的。

第五節 追星行為與「偶像」情結

每一個時代都有每一個時代的偶像。當看到自己十一二歲的孩子開始收集某位明星的海報，開始模仿他的髮型，穿一樣款式的衣服，甚至不惜偷偷攢下零用錢只為觀看偶像的一場演出時，成熟理性的我們開始變得憂心忡忡，一面口頭譴責他們這種幼稚的行為，一面想方設法制止孩子的這種追星行為——我們儼然已經忘記了自己也曾經有過類似的行為，儘管追的偶像類型可能不同，方式也不一樣。是否每一個孩子成長的過程中都需要偶像呢？對此，許多家長都困惑不已。

面對孩子追星，父母們最擔憂的是什麼？無非是害怕孩子的這些盲目行為使他們荒廢了學業。很少有父母想要去了解孩子為什麼要追星，在這麼多的明星裡，孩子為什麼單單喜歡他。如果我們肯坐下來和孩子們聊聊天，談談他們的偶像，或許會發現孩子追星並沒有我們想像的那麼可怕，雖然有時候會形成一些不良的影響，但是如果能夠進行正確引導，也完全可以轉化為一種正面的激勵。

某偶像團體近年來人氣特別旺，他們的粉絲幾乎涵蓋國內的每一所中小學，小燕就是這個團體的超級粉絲。小燕收集了許多關於該偶像團體的海報，並且經常關注和該偶像團體有關的資訊，當電視中有關於該偶像團體的採訪或是他們的演唱會

Part 5　孩童期（9～12歲）—小小少年煩惱多

時，小燕更是激動得飯也不吃，功課也不做，只等著看自己的偶像出場。當該偶像團體出新單曲進行首簽會時，小燕就會央求爸媽帶她去現場，並且買一套該偶像團體的專輯給自己。看到自己的女兒如此瘋狂地喜歡該偶像團體，小燕的爸爸媽媽實在是不理解。

一次，當小燕正在電視機旁津津有味地看偶像演出時，媽媽裝作不經意地坐在小燕旁邊說道：「這就是妳的偶像啊？長得確實很帥。」看到媽媽認可自己的偶像，小燕心裡很開心，她激動地向媽媽介紹自己的偶像。媽媽心裡有點為女兒的膚淺感到無奈，但是還是裝作若無其事地繼續附和小燕。一會兒媽媽又問道：「妳為什麼喜歡他們呀？」小燕回答道：「媽媽妳不是也覺得他們很帥嗎？」「那除了帥妳還喜歡他們什麼？」媽媽繼續追問道，小燕想了想認真地說道：「我還覺得他們很陽光，而且很有進取心。他們以前也是像我一樣的普通學生，就是喜歡唱歌，後來被選做練習生，經過訓練走紅後，還是一邊唱歌一邊讀書，我喜歡他們對夢想堅持的這種態度。」聽到小燕一口氣講出這麼多自己的偶像的優點，媽媽有些感慨，看來孩子已經開始有自己的想法了。了解孩子的內心想法後，小燕的媽媽覺得很欣慰。

後來，小燕發現媽媽也成了該偶像團體的「粉絲」，會和小燕一起聽他們的歌，還主動「分享」自己收集的關於該偶像團體的資訊，比如該偶像團體某成員功課也很好啊，在學校對老師和同學有禮貌啊，他們人雖然紅了，但還是很低調等。透過

第五節 追星行為與「偶像」情結

媽媽分享的資訊,小燕發現自己更喜歡自己的偶像了,但是正像媽媽所說的那樣,喜歡不能只是一種表面上的行為,也應該轉化為實際的行動──喜歡一個人就應該向他學習。於是,小燕也開始學習她的偶像積極向上的精神,學習他們堅持夢想的態度,她要用實際行動向看不起他們的人證明自己並不是「腦粉」。在媽媽的精心引導和小燕的努力下,期末的時候小燕不僅成績沒有退步,反而各科成績均有提高。為了獎勵小燕,爸爸媽媽特意買了一張該偶像團體的新專輯送給她做禮物,拿到禮物的小燕真是高興極了。

我們不得不承認,同樣是面對孩子的追星行為,小燕父母的做法無疑是理智的,也是充滿智慧的。其實只要我們肯和孩子多聊一聊就會發現孩子追星追的不是某個人,而是他們身上的一些特質,或者更準確地說,是那些明星身上的特質,其實就是孩子理想中的自我。

從年齡上來看,孩子進入高年級後,他們內心的自我意識也變得越來越強。他們對於外界資訊的接收正處於一個外部和內部相結合的重要時期──既不像幼兒那樣僅靠外界的資訊來認識世界,也沒有形成完全獨立的思考。他們內心雖然已經有了強烈的自我意識,但卻並沒有清晰的自我形象。他們會嘗試著從身邊接觸到的人中為自己確立一個理想的形象,而他們接觸到的除了身邊的平凡人就是電視上的明星。明星自帶的光環以及漂亮的外表很容易獲得國小生的認同,因此也成為他們

Part 5 孩童期（9～12歲）—小小少年煩惱多

理想形象的代表。對於初探自己內心世界而尚未形成穩定自我形象的青少年來說，他們的理想形象其實僅僅是一種感性的認識，他們不會去思考自己適不適合成為這樣的人，也不會去思考自己該成為什麼樣的人，只是單純地想成為這樣的人。也就是說，偶像崇拜只是為了幫助孩子實現自我確認。

從自我意識的產生到追求理想自我的過程，是每一個孩子在成長中都必須經歷的，也是孩子從青少年走向成年的一種過渡性行為。

除了理想自我的作用，孩子們的追星行為與偶像崇拜還是孩子成長中的一種特殊心理需求。佛洛伊德曾經在他的精神理論中指出，青少年在成長的過程中對偶像的崇拜源自個體精神分割的需求。隨著年齡的增長和心理的成熟，孩子內心的自我意識也變得越來越強烈，這種自我意識要求他們在情感上完成對父母依戀的分割，因此他們需要足夠的認同來強化自我的力量。偶像從某種意義上來講，正是孩子心理上為自己尋找的外界認同。孩子崇拜的偶像一般都是有足夠的能力可以實現自我獨立的人，因此孩子們也希望和他們崇拜的偶像保持行為上的同一性，獲取心理上的支持，成為和偶像一樣「強大」的人，從依賴走向獨立。正如兒童行為學家艾瑞克森所說的那樣，兒童的偶像行為其實是一種兒童在探索自我時的同一行為，他們從對偶像的崇拜中尋找成長的力量，也從成長的力量中汲取足以獲得獨立的能力。

第五節　追星行為與「偶像」情結

當然，從客觀因素上來講，我們並不能排除社會帶給孩子的影響。從社會和環境的因素上來看，孩子的追星或偶像崇拜也可能是社會導向下的一種羨慕心理造成的。模仿性強是青春期孩子的又一大代表行為特徵。許多大規模的選秀節目不僅成就了許許多多的明星，同時也帶動了相關產業的發展，各種因素相互關聯，明星成為「名利雙收」的代名詞。國小生儘管被保護在充滿書香氣息的校園裡，但是也不可避免地會從其他管道獲取這些資訊，比如從電視、網路等管道了解到今天某某得了獎，明天某某成為形象大使等。對於生活簡單，世界觀、價值觀都尚未形成的孩子來說，當衣著光鮮、生活奢侈的各類明星出現在他們的視野中時，理所當然就很容易成為他們崇拜的偶像，因為崇拜，所以就會進行模仿，無形中又促進了一些產業的發展。如此循環往復，被一些別有用心的商家看在眼裡，孩子就更加難以逃出這種「名」與「利」的誘惑了。在這樣的環境誘惑下，孩子想不追星都難。

綜上，面對孩子的追星行為和偶像崇拜，家長和老師們除了正確對待，最重要的就是引導。除了避免讓孩子過多地接觸充滿商業氣息的環境外，我們要盡可能地為孩子樹立一種正確的人生觀和價值觀。對於孩子的追星行為，我們要明白追星背後的原因，也可以和孩子一起去追他們的「星」，透過對孩子的了解和「星」的了解，用客觀的評價潛移默化地影響孩子的人生觀和價值觀。而對於孩子追星過程中出現的不理智、不成熟行

為，家長要有耐心、夠寬容，要明白孩子之所以會這樣是因為他們的心理還不成熟，閱歷比較淺，做事容易衝動，這些都是客觀因素造成的，與孩子的本質無關。如果有機會，我們一定要讓孩子多接觸各方面的「明星」，讓孩子所追的明星變成他們學習的榜樣，發揮榜樣力量無窮大的作用……

任何事情的利弊都是沒有絕對性的，對於孩子成長中出現的問題尤其如此。正確看待和引導孩子的追星行為和偶像崇拜，他們有一天也會成長為自己心目中的「大明星」。

第六節　每個孩子都可以有自己的「小祕密」

當你發現自己的孩子越來越渴望有一個獨立的空間時；當你發現了一本孩子帶鎖的日記本時；當你發現孩子似乎開始在你面前有「祕密」時，你是希望繼續保持你們之間的坦白還是選擇尊重孩子的隱私呢？儘管許多家長會辯駁，如果我們不能及時了解孩子的情況，他們可能會因此走上歧路──這固然是一種可能性，但是也不得不說，以愛為由的我們還是侵犯了孩子的「隱私權」。

什麼是孩子的隱私權呢？每個人對此有不同的理解。有些家長理解為不能偷看孩子的日記；有些家長會理解為不當眾揭

第六節　每個孩子都可以有自己的「小祕密」

孩子的短；也有些家長會說不窺探孩子的小祕密。事實上，我們都或多或少地了解一些隱私權所包含的內容，畢竟對於成年人來說，自己都有許多需要保護的隱私。但是當我們面對孩子時，尤其是已具有行為能力但未成年的孩子的隱私時，卻對這種侵犯常常不以為然。在家庭中，當一個孩子做了某件比較可笑的事情時，父母或者監護人會竭盡所能地將這件事情宣揚得盡人皆知，小到孩子身上的一個胎記，大到孩子某次無意中的尿床行為，都會被大人們津津樂道。他們在分享孩子的祕密的時候肆意地歡笑，而孩子卻因為隱私被侵犯而內心羞憤不已。學校每逢一次考試結束之後，學生們的成績總是會被以不同的形式公布出來，雖然美其名曰「激勵」，但是事實上卻侵犯了孩子的隱私，讓孩子的心靈在這種公開的比較中被肆意地踐踏。孩子們在隱私被侵犯的同時，人格尊嚴也受到了傷害。正如馬克斯・范梅南（Max van Manen）和巴斯・萊維林（Bas Levering）在《兒童的祕密：祕密、隱私和自我的重新認識》（*Childhood's Secrets: Intimacy, Privacy and The Self Reconsidered*）中所言：「隱私的權利也是一個普通的人權，基於人的尊嚴的原則。孩子的隱私權產生於這種人權。因此對孩子們生活中隱私的尊重與孩子的尊嚴相關。」

儘管我們已經把尊重孩子的隱私和孩子的尊嚴連繫在了一起——它們的本質也確實是有相通之處，但是在生活中我們還是很難做到尊重孩子的隱私權，甚至不知道孩子究竟是什麼時

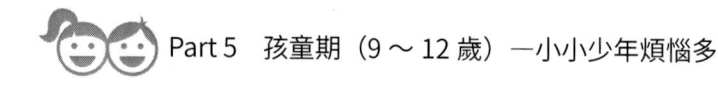

Part 5　孩童期（9～12歲）—小小少年煩惱多

候開始擁有自己的隱私的。在亞洲，父母總是習慣性地將孩子看成是自己的私有物品，這一點從稱呼上就可以看出來：一位父親在稱呼自己的兒子時，用得最多的是「兒子」，而不是直呼其名，而「兒子」其實是「我兒子」的簡稱。由此可見，這位父親的潛意識裡將孩子更多地看成是自己的兒子，而不是一個獨立的個體。既然在父母的眼中孩子並不是一個獨立的個體，顯然也就沒有了「你」、「我」那麼明顯的區分。因此，孩子所謂的「隱私」就自然而然地被父母忽略了。

這種現象如果發生在孩子比較幼小的時候，他們或許會不以為然。但是當他們越來越多地使用「我」時，就意味著他們的自我意識開始慢慢地覺醒。孩子使用「我」這個詞時，經歷了一個由物主代詞向人稱代詞過渡的過程──在孩子剛接觸「我」時，他們只是習慣性地將以前指示自己的詞語如寶寶、丫丫等換成「我」（其實是「我的」），然後才慢慢意識到「我」就是自己，是一個獨立的個體，這時的「我」才能真正意義上代表孩子自己。當孩子真正地明白了「我」的含義後，他們開始嘗試著將自己從客觀的世界中分離出來，這裡的客觀世界泛指兒童自身以外的所有人和物，也包括他們的父母。一般情況下，很多孩子儘管從幼年時期就能夠熟練地使用「我」作為代詞，但是只有在經歷了青春期多次和外界的衝突後，才能真正將「我」與「他」分開。如果說父母和孩子在此之前的狀態是「你中有我」、「我中有你」的話，那麼，在此之後孩子就會將父母剝離在「我」

第六節　每個孩子都可以有自己的「小祕密」

之外。而孩子也是在此時開始有了自己的隱私意識。

曾經在報紙上看到過這樣一篇報導：

某市一名國小六年級的女生一次放學回家後，爸爸劈頭蓋臉就對她一頓吵，一邊罵一邊說：「我說妳最近怎麼成績退步了，還喜歡打扮，原來妳小小年紀就不學好，學別人談戀愛啊。妳覺得自己美啊，你們這麼小知道什麼是愛嗎？還談戀愛……」原來，這位爸爸趁女兒上學的時候偷偷翻看了女兒的日記，並看到了一封夾在日記裡的一位男同學寫給她的信。女兒又羞又急，哭著對爸爸說：「你不尊重我的隱私，偷看我日記，你違法！」聽到女兒如此「不敬」的話語，爸爸伸手打了女兒一個耳光。不料，女兒第二天竟然失蹤了。4天後，在警察的幫助下，這位衝動的父親在離家五十多公里的一處河灣找到了女兒的屍體。

這是一起因家長不尊重孩子隱私而釀成的悲劇。這種極端的事件雖然在我們的生活中並不多見，但卻深深地暴露了家長缺乏尊重孩子隱私的意識和侵犯孩子隱私權時的無知。每個人都會有自己的隱私，隱私就是藏在我們心中不願意告訴他人的祕密，這些祕密不僅成人有，孩子也有，祕密對於孩子的意義更大。

正如我們在上文中所講的那樣，孩子的隱私意識始於他們心中獨立自我的形成。孩子之所以在成長的過程中會慢慢關閉自己原本敞開的心扉，是因為他們需要獨立的空間來完成對自

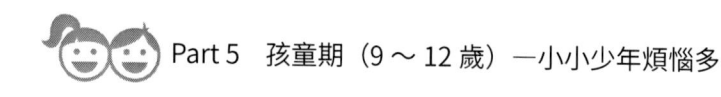

Part 5　孩童期（9～12歲）—小小少年煩惱多

我的驗證。透過這種關閉將自己與原本的世界隔開，在這種獨立中感受被社會和家庭尊重的人格。這是孩子從少年走向社會的前奏，對於孩子的身心影響非常大。從某種意義上甚至可以這麼說，沒有祕密或者是隱私意識的孩子是不健全的，因為他們還沒有學會把自己從所處的世界中抽離出來。

但是，尊重孩子的隱私是否就意味著我們對孩子的祕密不管不問，任其自由發展呢？這對於作為孩子成長監護人的父母來說，是否顯得有些失職呢？對此，我們仍需要從長計議。首先，我們需要肯定的是孩子的隱私，這意味著其獨立意識與尊嚴意識的形成，所以必須予以尊重。其次，我們要謹防孩子以「隱私」之名遮蔽其真正想要逃避的問題。比如說，有些孩子早早地就學會了上網，他們會透過網路將自己平時不願意告訴父母的事情傾訴給朋友，這雖然是孩子青春期的一個普遍心理，但是有時也會發生一些意外。比如他們由於見識和閱歷都比較淺，情感也比較衝動，容易被壞人所利用，或者他們在聊天的過程中慢慢地偏離主題，聊一些兒童不適宜的話題。對於這種情況如果我們不管不問，孩子一定會養成許多壞習慣，這對於孩子將來的成長來講是很不利的。可是如果我們一旦介入，就意味著侵犯了孩子的隱私，面對這種兩難的境地父母應該如何是好呢？這恐怕才是多數父母不能真正尊重孩子隱私的深層原因。

或許我們大可不必如此憂心忡忡。這一點，可以向國外的

第六節　每個孩子都可以有自己的「小祕密」

父母好好借鑑一下。相較於亞洲的父母，歐美家長為孩子營造的家庭氛圍似乎更輕鬆一些——既然我們已經知道了這個年齡的孩子需要完全屬於自己的空間，需要自由，那麼我們為什麼不給他們這樣的空間和自由呢？一個寬鬆的環境可以讓孩子在心理上放鬆很多，而且寬鬆的民主氛圍會使父母更好地成為孩子的朋友。當父母扮演的角色不只是父母，還是一位貼心的朋友時，孩子說不定就願意把祕密和我們一起分享了——許多時候，當孩子分享他們的祕密時，我們會發現那其實是一件很小的事情，根本算不上什麼隱私。然而孩子就是這樣的，只要是他們不願意讓你知道的，就是他們想保密的，也就屬於他們的隱私。

在尊重孩子隱私的時候，耳朵和眼睛往往比嘴巴可以發揮更大的作用。當發現孩子有祕密時，急於知道孩子動向的我們總是會迫不及待地問他們：「我們能談一談嗎？」這句話看似很貼心，但是效果卻並不怎麼好。通常情況下，只要用這句話開頭，正常談話就只剩下發出邀請的人在說了。面對不願意說出自己祕密的孩子，我們不妨試著和孩子分享一些自己曾經的經歷作為交換，此時孩子可能會願意說出一些他們的祕密，或者有時候雖然不願意說自己的祕密，但是卻會說一些生活中的事情或者是自己不順心的事情，對此，我們只要耐心地傾聽，就會發現孩子心理發生變化的蛛絲馬跡。其實，孩子某個階段的變化不一定非讓他們用嘴巴告訴我們，它有時也會表現在孩子

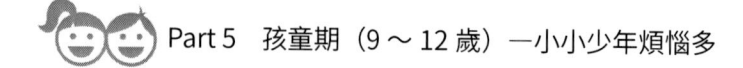

Part 5 孩童期（9～12歲）—小小少年煩惱多

日常行為中，只要我們細心觀察，耐心開解，效果絕對比打探孩子的祕密更好。

最後，願天下的父母都能明白，相較於永遠以小孩子的身分被父母寵愛，孩子更願意在父母的陪伴下慢慢地長大，並且他們也希望父母可以見證並承認自己的這種成長。讓我們從尊重孩子的隱私，尊重每一個孩子擁有祕密的權利開始，一起見證孩子們的成長吧！

> **本章小結**
>
> 　　對於 9～12 歲的孩子來說，我們不能再用看小孩子的眼光來對待他們 —— 儘管在父母的眼中他們永遠都是長不大的孩子。伴隨著年齡的增長，他們的心理也在逐漸成熟，他們開始意識到自己是一個獨立的個體，並且嘗試著慢慢地獨立，獨立於父母之外，獨立於原本的環境之外。這種強烈的自我意識在他們進入青春期後會變得更加明顯。在許多人的眼裡，和青春期相伴的永遠都少不了「煩惱」二字，對於孩子來講，亦如此。隨著青春期的到來，他們開始發現自己與他人的不同，一方面對這種不同充滿了好奇，另一方面卻強烈要求自己融入所屬的團體之中。與此同時，異性之間產生的朦朧情感，自我形象的不清晰，情感上的易衝動和叛逆，甚至是他們逐漸覺醒的強烈的自尊意識，這些都給他們帶來了不少煩惱。他們既渴

望父母和同伴的認可,又希望擺脫他們對自己的干擾,在這種矛盾與衝突中,孩子一次次地完成了對「自我」的認識,也一點點地從年幼走向成熟。這是孩子兒童時期的最後一個階段,從此之後,他們將開始真正地走向獨立,開啟人生的另一個階段。

國家圖書館出版品預行編目資料

青春期以前，父母的「讀心」技能需要滿級：5 秒鐘讀懂肢體語言 ×3 分鐘找出心理需求 ×2 小時改正不良習慣，即使不說出口，爸媽也應該要懂 / 白麗潔 著. -- 第一版. -- 臺北市：崧燁文化事業有限公司, 2024.09
面；　公分
POD 版
ISBN 978-626-394-797-9(平裝)
1.CST: 兒童心理學 2.CST: 兒童發展 3.CST: 親職教育
173.1　　　113012693

電子書購買

爽讀 APP

臉書

青春期以前，父母的「讀心」技能需要滿級：5 秒鐘讀懂肢體語言 ×3 分鐘找出心理需求 ×2 小時改正不良習慣，即使不說出口，爸媽也應該要懂

作　　　者：白麗潔
責 任 編 輯：高惠娟
發　行　人：黃振庭
出　版　者：崧燁文化事業有限公司
發　行　者：崧燁文化事業有限公司
E - m a i l：sonbookservice@gmail.com
粉　絲　頁：https://www.facebook.com/sonbookss/
網　　　址：https://sonbook.net/
地　　　址：台北市中正區重慶南路一段 61 號 8 樓
8F., No.61, Sec. 1, Chongqing S. Rd., Zhongzheng Dist., Taipei City 100, Taiwan
電　　　話：(02) 2370-3310　　傳　　　真：(02) 2388-1990
印　　　刷：京峯數位服務有限公司
律師顧問：廣華律師事務所 張珮琦律師

-版權聲明

本書版權為樂律文化所有授權崧燁文化事業有限公司獨家發行電子書及紙本書。若有其他相關權利及授權需求請與本公司聯繫。
未經書面許可，不可複製、發行。

定　　　價：320 元
發行日期：2024 年 09 月第一版
◎本書以 POD 印製
Design Assets from Freepik.com